JN441421

청년 일자리를 만드는

장기현장실습제

한국기술교육대학교 출판부

학생, 대학, 기업 모두가 윈윈하는 길

학생들의 청년 실업은 우리 사회가 오래전부터 안고 온 고민거리이며 여전히 현재진행형입니다. 대학교육과 산업체의 인력 수요간 격차가 큰 원인입니다.

특히 코로나19 장기화로 인한 경제 불황에 따른 기업 경영난 등은 청년 취업을 더욱 어렵게 하고 있습니다. 이와 동시에 기업의 인력 채용 트렌드는 '공채 폐지, 수시채용'으로 급속하게 전환하고 있습니다. 이는 구직자들에게 풍부한 일 경험 및 전공실무 체험을 요구하는 것입니다.

청년실업 해소를 위해 정부와 기업, 대학 차원에서 다양한 정책과 프로그램이 진행되고 있지만, 특히 대학-학생-기업 3자 파트너십에 의해 진행되는 장기현장실습제는 청년실업의 당사자인 대학생은 물론 대학, 기업에 희망을 주는 제도로 주목받고 있습니다.

1990년대 후반부터 일부 대학에서는 별도의 조직을 구축하여 기업과 협력을 강화하고, 장기현장실습제를 학습과정으로 인정하는 등 다각적인 노력을 보여 왔습니다.

특히 한국기술교육대학교는 2012년부터 IPP(Industry Professional Practice : 기업연계형 장기현장실습제)제도를 도입해 대학생 취업률 및 중소중견기업 인력채용 향상에 큰 효과를 거두고 있습니다.

이 제도는 2015년부터는 정부의 정책적 지원으로 확산돼, 2021년 현재 전국 36개 대학에 2만여 명의 대학생, 5천 개의 중소·중견기업이 참여하여 점진적으로 가시적인 성과를 보이고 있습니다.

장기현장실습제도는 사실상 미국에서 1906년 만들어진 Cooperative Education Program(Co-op. 코업)에서 유래한 것으로서, 현재 한국 대학의 실정에 맞게 변형해 적용하고 있습니다. 장기현장실습제는 학생, 대학, 기업 세 주체가 공동 파트너십을 기반으로 운영하며 각자가 최대의 성과를 거두어 윈윈(win-win)하는 것이 기본적인 원리이자 제도의 목적입니다.

학생(3~4학년)은 학교에서 배운 이론을 실제 기업현장에서 실무과정을 통해 재학습하면서 전공능력과 기업조직에서 요구하는 역량을 향상시킴으로써, 자신의 진로를 명확히 설정하고 취업역량을 강화할 수 있습니다.

기업은 젊고 창의적인 인력 활용을 통한 생산성 향상, 자사에 적합한 인재 사전 검증과 채용비용 및 교육훈련비용 등의 절감 효과를 얻습니다.

특히 인력난과 종업원의 잦은 이직으로 인력 운영에 어려움을 겪는 중소·중견기업은 매력적인 인재 선발 도구 및 조직몰입과 직무만족도가 높은 핵심 인재를 양성하는 중요한 매개로 활용할 수 있습니다.

대학은 기업과의 산학협력 강화와 더불어 학생들의 취업률 향상을 통해 대학의 명성을 높이는 효과를 얻을 수 있으며, 이러한 성과 홍보로 급격한 학령인구 감소에 따라 대학 간 경쟁이 치열한 가운데 우수한 입학자원을 유치하는 효과를 얻을 수 있는 장점이 있습니다.

본 도서는 장기현장실습제도의 특성과 원리, 대학과 학생, 기업에 대한 효과성 등을 국내외 문헌과 사례 등을 통해 알기 쉽게 정리하고자 했습니다. 장기현장실습제도가 전국 각 대학 및 기업에 성공적으로 안착하고, 청년 일자리를 확대하는 데 작은 길잡이가 되길 희망합니다.

2022. 2.

저자 황의택(경영학 박사)

CONTENTS

제1장

장기현장실습제도의 이해

제1장 장기현장실습제도의 이해

1 장기현장실습제도의 개념과 특성

1) '장기현장실습제도' 정착 배경과 정의

한국에서 '장기현장실습제도'란 용어는 1998년 경북대학교를 시작으로 몇몇 대학들이 단기현장실습제도의 문제점을 극복하고 대학과 기업 간 파트너십을 통한 인재 양성, 교육의 현장성 제고, 학생들의 취업률 향상 등을 목적으로 장기현장실습제도를 시행하면서부터 서서히 정착되었습니다.

이 제도는 사실상 미국에서 1906년에 시작된 Cooperative Education Program (Co-op. 코업)에서 유래된 것인데, 교육형 산학협동, 산학협력교육, 산학협동교육, 현장실습, 산업체 장기인턴십 등 연구자와 교육기관(대학)마다 다양한 용어로 사용되고 있습니다.[1]

2012년에는 한국기술교육대학교(고용노동부 산하 특성화 대학)가 역시 코업을 벤치마킹, 한국 대학 교육환경에 맞게 변형해 IPP(Industry Professional Practice. 기업연계형 장기현장실습제)란 제도를 도입하면서 장기현장실습제가 더욱 주목을 받기 시작했습니다.

2015년부터는 고용노동부에서 대학생들의 청년실업, 대학-기업 간 고용 미스매치, 중소중견기업 인력난 등을 해소하기 위해 한국기술교육대의 IPP와 한국형 도제제도인 '일학습병행제'를 융합한 'IPP형 일학습병행제'를 정책적으로 도입하면서 '장기현장실습제도'가 전국적으로 확산되기에 이르렀습니다.

1) 본 책에서는 Co-op을 우리나라에서 사회적으로 확산되고 있는 '장기현장실습제'란 용어로 통일해서 사용하고자 한다.

장기현장실습제도는 그 어원이 Co-op이기 때문에, 정확한 정의는 세계장기현장실습협회(The World Association for Cooperative Education: WACE)가 규정한 것에서 찾을 수 있습니다. 이 협회는 장기현장실습을 "학생들의 학문적 목표 또는 경력 목표와 관련된 분야에서의 생산적인 일 경험을 교실에서의 수업 학습과 통합하는 교육 프로그램이다. 장기현장실습은 이론과 실습을 통합하는 혁신적 학습경험을 제공한다. 교육 프로그램으로서 장기현장실습은 학생, 교육기관, 기업의 파트너십이며, 각 당사자마다 특별한 책임감이 있다."고 정의하고 있습니다.

미국의 전국장기현장실습위원회(National Commission for Cooperative Education: NCCE)는 "학생의 학문이나 경력 목표와 관련된 생산적인 일 경험을 통해 교실 수업과 학습을 통합하는 구조화된 교육전략이다. 이는 이론과 실제를 통합하는 진전된 경험을 제공한다"(NCCE, 2004)고 정의했습니다.

캐나다는 미국에 이어 장기현장실습제도를 가장 활발하게 진행하는 국가인데, 캐나다 장기현장실습협회(Canadian Association for Co-operative Education: CAFCE)는 장기현장실습 프로그램을 "학생들의 대학에서의 학습을 기업·산업·정부·사회서비스 등 분야에서의 일 경험으로 대체하는 프로그램"으로 정의하면서 아래와 같이 몇 가지 기준을 제시하고 있습니다.

첫째, 근무 상황이 학습 환경에 적합하도록 교육기관에 의해 개발되고 승인될 것, 둘째, 학생들은 단순한 관찰이 아닌 생산적인 업무에 참여할 것, 셋째, 학생들이 업무 수행에 대한 보상을 받을 것, 넷째, 학생들의 직무 수행은 교육기관에 의해 감독을 받을 것, 다섯째, 학생들의 직무성과는 고용주들에 의해 관리되고 평가받을 것, 여섯째, 일 경험에 소요되는 시간은 교과 과정 중 최소 30%가 되어야 할 것 등입니다.

아시아-태평양 장기현장실습저널은 "장기현장실습은 교육과 일 간의 파트너십이며, 학생의 학습향상이 주요 결과물이다. 특히 구조화된 프로그램으로서 응용학습 전략으로 설명될 수 있으며, 고용주, 산업그룹, 교육기관 간의 협동에 의해 감독되고 개발된다. 중요한 특징은 적절하고 생산적인 일이 학생의 정규 교육 프로그램과 통합된 한 부분으로 수행되며, 최종적인 평가는 일 기반 요소를 포함한다는 점이다. 일은 학생들이 고용주들에게 경제적 가치 등 편익을 줄 수 있는 의미있는 업무를 수행한다는 점에서 생산적이다. 또한 일은 학교 교육 프로그램의 기초 지식 및 기술과 명확하게 연계돼 있다"고 확장해서 설명(Asia-Pacific Journal of Cooperative Eduction, 2010) 합니다.

장기현장실습제도는 일-학습 통합 프로그램의 하나로 볼 수 있는데, 효과적인 일-통합 학습 프로그램의 주요한 특징은 고용주, 학생, 학교 교사, 고등교육기관 관리자 등 다양한 그룹 간의 파트너십을 통해 이루어지며 상호 간 명확한 이익의 달성이 필수적(Orrell, 2004)이라고 합니다. 만약 어느 한쪽이든 이익을 얻지 못한다면 파트너십은 효과성을 잃게 됩니다(Harvey 등, 1997). 따라서 장기현장실습제는 학생과 대학, 고용주 세 주체의 파트너십을 기반으로 운영되어야 하며 결과적으로 각자의 이익을 달성해야만 효과를 거둘 수 있습니다.

국내 학자들은 장기현장실습제도를 "학생들이 대학 학부과정 중 일정 기간을 대학과 산학협력을 체결한 산업체에서 전공과 관계되는 일이나 프로젝트에 참여해 일정 수준의 보수도 받고 졸업에 필요한 학점을 취득할 수 있는 교육제도"라고 정의하고 있습니다.

장기현장실습을 통해 학생들은 대학 학부과정 중 일정 기간 동안 대학과 계약을 체결한 협력 산업체에서 전공에 관계되는 직무나 프로젝트에 참여하면서 일정 수준의 보수를 받고 졸업에 필요한 학점을 취득하며[2), 재학 중에 현장 체험을 통해 졸업 후 진로를 탐색하는 기회를 모색할 수 있다(박철우 등, 2014; 오창헌, 2013; 김향아, 2013)는 것이 학자들의 공통된 견해라 할 수 있습니다.

또한 협력 산업체는 학교 출석 수업과 산업체 현장 실무실습을 반복하여 배출된 우수인재를 조기에 발굴, 검증 및 유치하는 편익을 얻을 수 있습니다. 대학은 산업현장의 요구를 교육내용에 반영하여 교육과정 개선 및 산학협력 강화를 모색하고 학생 취업률 향상 등을 통해 대학 경쟁력을 강화할 수 있습니다. 그래서 학

---

2) 선진 외국의 경우 장기현장실습제도가 학생 개인에게 주는 편익(전공 능력 향상, 경력개발, 취업 용이 등)이 크다는 점을 인식하기 때문에, 졸업이 늦어지고 학점을 부여하지 않더라도 장기현장실습에 적극 참여하는 문화를 갖고 있는 반면, 제도의 도입 초기 단계인 우리나라 대학들의 경우 대부분 장기현장실습 참여에 대하여 일정한 학점을 부여하고 있다.

생, 대학, 그리고 사업체 간의 구체적 목표와 의무를 부여하는 파트너십을 통해 실행되는 장기현장실습제는 '신산학협력 프로그램'(박정민 등, 2006)으로 정의되기도 합니다.

여러 학자들의 정의를 종합해 보면 장기현장실습제도는 "학생들의 교실교육과 생산적인 일 경험을 결합하는 구조화된 교육 프로그램으로서 일과 교육을 통합하는 경험학습"으로 정의할 수 있습니다. 학교 교육에서의 이론과 일 경험을 통한 실제를 통합함으로써 개인의 역량을 강화함과 동시에 일터에서의 생산성 향상을 도모하는 기능을 하기 때문입니다.

2) 장기현장실습제도의 역사[3)]

장기현장실습제도는 미국 신시네티 대학교(University of Cincinnati)의 공학 교수인 허먼 슈나이더(Herman Schneider)가 1906년 창시했습니다. 그는 1903년 리히 대학(Lehigh University) 공학 교수 재직 시절, 대부분의 공대 학생들이 방학기간 동안 학비를 벌기 위해 전공이나 경력에 관련이 없는 일을 하지만 이는 학생들의 직업교육에 기여하지 못하고 있다는 점, 실제 현장에서의 일 경험이 필요하다는 점 등을 고민해 오다가 신시네티 대학에 부임하여 학생들이 일과 학습을 번갈아 가며 수행하는 장기현장실습제도(Cooperative education program)를 창안하게 됐습니다(Wooldridge, 1966).

슈나이더 교수는 '미국 고등교육의 탁월한 혁신가'로 칭송받고 있으며 그의 교육 개념은 혁명적으로 받아들여졌다고 합니다(Wilson, J., 1971).

1906년 무렵 미국의 산업은 전기, 터빈, 전화, 철도, 고속도로, 자동차 산업, 교량, 댐 등으로 급속하게 확장하는 상황이었습니다. 산업계에서는 잘 훈련된 근로자들에 대한 수요가 급속히 확대되었지만, 기술과 엔지니어 교육은 이러한 산업 수요를 충족시키지 못했습니다.

---

3) Sovilla 등(2011) "Cooperative and Work- Integrated Education in the U.S, past and present ; Some Lessons Learned," pp.3~6 참조.

당시 대학 등 고등교육기관에서는 전통적인 교육에서 벗어나 산업계의 니즈를 충족하는 특별한 역량을 가진 인재 양성이 중요했는데, 슈나이더 교수의 장기현장실습제는 이러한 문제를 해결하는 결정적 역할을 했습니다.

슈나이더 교수는 1906~1907년 사이에 27명의 전기 및 화학 분야 학생들을 장기현장실습에 참여시켰고, 이후 400명 이상의 학생들이 장기현장실습에 참여하게 되면서 다른 고등교육기관들도 이 제도에 관심을 갖기 시작했습니다. 1920년까지 보스톤 YMCA Evening Institute의 폴리텍 대학(추후 Northeastern 대학으로 변경) 등 8개의 중등교육기관과 기술교육기관 공학계열에서 장기현장실습제가 진행되었습니다.

장기현장실습제에 대한 관심이 점차 고조되면서 1929년 장기현장실습대학협회(Association of Cooperative College)가 설립되었고, 1956년까지 미국의 약 60개 대학으로 확산된 장기현장실습제는 공과대학을 넘어 경영학, 자연과학, 교양교육 과정 등에도 전파되기에 이르렀습니다.

미국에서 장기현장실습제는 연방정부기금을 지원받으면서 더욱 확산되기 시작했습니다. 많은 대학 교수 및 연구자들에 의해 1962년 설립된 전국장기현장실습위원회(National Commission for Cooperative Education, NCCE)의 목표는 장기현장실습에 대한 국가의 지원을 이끌어 내고 5년 이내 장기현장실습 프로그램 참가 대학 수를 두 배로 늘리는 것이었습니다.

NCCE는 법률가들에게 장기현장실습제가 주는 다양한 이익에 관한 정보를 전달하는가 하면, 상하원위원회에 관련 증거 자료를 제출하기도 했습니다. NCCE의 로비 활동과 국가적인 교육 아젠다에 대한 요청은 결국 장기현장실습제에 대한 연방정부의 지원을 이끌어 냈습니다. 급기야 1965년 고등교육법률이 제정되었고, 1968년에는 이 법률하에 '대학 일-학습 프로그램'(College Work-Sturdy Program)이 제정되었는데, 여기에는 장기현장실습제의 계획, 설립, 확장을 위한 고등교육기관에 대한 자금 지원 인가 등이 포함됐습니다. 또한 장기현장실습제의 활용 촉진과 개발, 개선 방법에 대한 연구조사와 장기현장실습 훈련센터 설립에 대한 자금 지원 방안도 마련됐습니다.

연방정부의 자금 지원으로 1971년에 약 277개이던 장기현장실습 운영 교육기관은 1986년에는 1,012개로 확대되었고 미국 고등교육기관의 1/3가량이 장기현장실습 프로그램을 운영하기에 이르렀습니다. 나아가 1992년까지 약 2억 2천만 달러 이상의 특별예산이 장기현장실습 지원에 투입되었습니다(Sovilla & Varty, 2011; Charlson, 1999).

현재 Fortune 500의 상위 100개 기업 중 80% 이상이 장기현장실습제를 통해 학생들을 채용하고 있으며, 이 제도를 통해 학생들은 졸업 전에 약 $40,000 정도의 소득을 올리고 있는 것으로 조사되었습니다(WACE, 2015). 이러한 장기현장실습제의 활용은 대기업이나 다국적 기업에 국한되지 않고, 많은 중소·중견기업들의 도입 비율도 증가하고 있다(Ford, 2011)고 합니다.

현재 미국에서만 600여 개 대학, 10만 개 기업, 25만 명의 학생들이 장기현장실습에 참여하고 있으며 캐나다는 49개의 University와 38개 College에서 8만 명이 참여하고 있는 등 북미를 비롯해 유럽, 아시아, 아프리카 등 전 세계 50여 개 국가에서 이 제도가 시행되고 있습니다.

3) 장기현장실습제의 운영 방식

선진 외국의 경우 장기현장실습은 학업 시간과 근로 시간의 분배 방식에 따라 크게 두 가지 운영 형태로 나눌 수 있는데, 하나는 샌드위치형(sandwich)으로서 학교 정규과정 학기를 보수를 받는 고용기간으로 대체하는 방식이고, 또 다른 하나는 병행형(parallel)으로서, 하루를 쪼개어 오전에는 학교 수업을 받고 오후에는 일 학습을 하는 방식입니다. 이외에 그다지 활용되지는 않지만 재학 중 특별한 기간 동안 1회에 걸쳐 기업현장에 나가 장기현장실습을 하는 유형도 있습니다(Heinemann, 1981).

또한 장기현장실습제는 지역 특성과 학생의 상황 등에 따라 대학마다 조금씩 다른 형태로 운영되는데, ▲4년제 또는 5년제 학사과정, ▲장기현장실습제의 필수 또는 선택제 운영, ▲학점을 부여하는 경우와 그렇지 않은 경우, ▲1회~3회까지 의무 또는 횟수의 자율선택권 보장 등 다양하게 운영되고 있습니다.

미국공학기술인증원(ABET)은 장기현장실습을 공식화하고 있습니다. 장기현장실습 교육 프로그램 학사 모델에서는 학생들이 최소 일 년 동안 산업현장에서 직업체험을 할 수 있도록 일터와 학업 사이의 교대를 공식화하도록 요구하고 있습니다(NCCE, 2002). 미국 공대의 전형적인 장기현장실습 모델은 학생들이 한 회사에서 한 학기 기간을 일터에서의 풀타임(일주일에 40시간) 근로로 대체하도록 하고 있습니다.

장기현장실습제는 일반적으로 대학이 학생과 기업을 매칭해 주고 삼자가 상호 피드백을 하는 과정으로 운영됩니다. 대학은 장기현장실습 참여 기업체를 발굴하여 학생과 기업체를 연결해주며, 프로그램을 모니터링하고 관리합니다.

즉 학생들이 장기현장실습 현장에서 제대로 직무를 수행하고 있으며 어려움은 없는지, 기업은 학생들에게 원활한 현장실습을 시키는지 등을 점검하며, 학생들의 업무 결과보고서(월별 및 종합 보고서)를 제출받고 장기현장실습이 끝난 후 기업과 함께 학생을 평가합니다. 보통 대학에서는 장기현장실습 전담 조직 및 인력(코디네이터, 산학협력 교수 등)이 이러한 역할을 하며 학과 지도교수도 일정하게 참여합니다.

장기현장실습 참여 기업은 기업 소개와 더불어 현장실습 과정의 직무에 대한 직무기술서(Job Description)와 직무명세서(Job Specification)[4)]를 작성해 대학의 장기현장실습 운영 포털시스템에 등록하는데, 여기에는 학생이 수행할 직무명, 근무시기 및 기간, 근무지, 보수(실습지원비), 책임업무, 필요한 지식과 기술 등을 명시합니다.

학생은 장기현장실습 운영 포털시스템에 등록된 기업체 정보와 직무기술서 및 직무명세서를 검토한 후 자신이 원하는 기업체를 선택합니다. 이렇게 학생과 기업측이 각자 원하는 대상을 선택하면, 대학 내 장기현장실습 전담 조직을 통해 학생과 기업 간의 매칭이 이루어집니다.

---

4) 직무기술서는 직무의 목적과 작업내용, 책임과 조직관계, 구체적 직무수행방법과 절차 등을 명시한 문서이다. 직무명세서는 직무를 수행하는 데 필요한 지식, 기술, 능력 등 필요역량 및 자격요건을 명시한 문서를 말한다.(이학종 등, 2013)

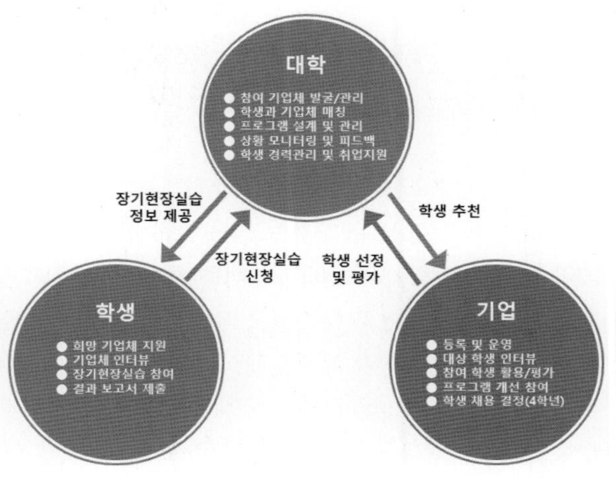

〈그림 1〉 장기현장실습제의 일반적인 운영과정

Dawson(1989)은 학생의 교육적 성과 관점에서 장기현장실습의 운영과정을 오리엔테이션, 직무배치, 학습 촉진, 교육결과의 평가 등 네 가지 단계로 구분하고 있는데 간략히 정리해 보면 다음과 같습니다.

- **오리엔테이션 :** 오리엔테이션은 학생들에게 장기현장실습 운영교수, 고용주, 대학(학부과) 교수와의 관계를 가깝게 하고 고용주와 대학에 대한 학생의 의무와 책임을 분명히 해줍니다, 또한 장기현장실습 코디네이터와 감독자에 의해 학생의 학습 목표가 설정됩니다.
- **직무배치 :** 직무배치는 학생의 학습과 경험 수준에 맞게 업무를 설계하는 과정입니다. 어떤 직업이나 특별한 분야에 진출할지 불확실한 상태에 있는 학생들에게 일에 대한 흥미, 기술, 직업을 테스트해보는 수단이기도 합니다. 한 분야에 대한 실제적인 직무 경험은 졸업 후 진로나 전문 학업에 대한 동기부여와 방향을 제공합니다. 직무 수행 과정을 통해 학생들은 졸업 후 학업을 계속할지 아니면 풀타임 종업원이 될지에 대해 현명한 선택을 할 준비를 할 수 있습니다.

장기현장실습의 담당 스텝에 의한 직무의 개발과 부여는 학생들의 다양한 요구를 충족시켜줄 뿐만 아니라, 고용주들에게 각기 다른 역량을 가진 학생들 중 유망한 종업원이 누구인지를 밝혀 주기도 합니다. 일단 직무가 배치되면 장기현장실습

감독자들은 계획된 업무 수행과 학생들의 흥미 및 욕구와의 연계성, 적용 방안 등을 검토해야 합니다. 이는 장기현장실습을 통한 현실적인 목표와 기대를 규명할 수 있게 해주기 때문입니다.

◉ **학습 촉진 :** 학생들의 학습을 촉진하기 위해서는 조직적인 관심이 필요한데, 이를 위해 학생들은 업무 수행 기간 중 장기현장실습 교육 보고서를 제출해야 합니다. 보고서에는 직무 기술서와 이것이 자신의 학습 역량을 개발하는 데 어떤 영향을 미치는지가 담겨야 하며, 기술 개발, 지식 획득, 경력 등에 관한 자세한 사항도 작성되고 토의가 이루어질 필요도 있습니다. 또한 직무와 감독자에 대한 평가, 대학과 고용주들의 관계에 관한 코멘트도 작성되어야 합니다. 이러한 학생과 대학 사이의 공개된 커뮤니케이션 자료는 더 향상된 장기현장실습 프로그램을 운영하는 데 핵심 요소입니다. 성공적인 장기현장실습 보고서는 대학 교육과정에 대한 발전적인 청사진을 제공해줄 수 있습니다.

상급 학생들은 교과 과정이나 연구 프로젝트 보고서를 설계하고 작성할 수 있는데, 여기엔 실질적인 학습과 특별한 기술 및 지식의 내용 등이 담길 수 있습니다. 더불어 학생들의 장기현장실습에 관한 제안 내용은 장기현장실습을 처음 경험하는 학생들에게 교본으로 제공될 수도 있습니다[5)]

◉ **교육결과 평가 :** 장기현장실습 경험의 평가 과정에는 학생, 고용주 그리고 장기현장실습 교수 모두 핵심 참여자가 되어야 합니다. 학생은 보고서 작성과 장기현장실습 감독자와의 구두 토론을 통해 자신이 배운 것과 향상된 결과물에 관한 경험을 스스로 평가합니다. 고용주는 학생의 직무성과와 관찰된 결과물에 대한 평가서를 작성합니다. 장기현장실습 교수와 감독자는 평가 자료를 조정하고 최종 점수를 매깁니다.

학생에 대한 평가는 학생의 직무성과에 대한 등급 부여와 업무 경험으로부터 얻은 교육적 성과 평가를 결합해야 합니다. 즉 학생이 어떠한 스킬을 얻었고 어떤 능력이 강화되었는지, 새로운 통찰력과 이해력이 나타났는지 등이 담겨야 합니다.

---

5) 그 내용은 다음과 같이 요약될 수 있다. ○ 장기현장실습에 대한 기대와 연관된 직무에서 당신은 어떻게 직무 배치를 받았나? ○ 이번 경험에서 가장 중요한 학습 요소는 무엇인가? - 직무 자체, 작업 환경 등 ○ 장기현장실습 경험이 어떤 종류의 스킬 향상을 가져다 주었나? - 직무성과, 커뮤니케이션, 대인관계 등 ○ 어떤 방법으로 당신의 직무와 당신의 과거 및 현재의 학업을 연관시킬 계획인가? 앞으로의 학업에 어떠한 필요성을 제시하는가? ○ 장기현장실습 생활과 일 경험이 당신의 미래 직업 세계에 무엇을 기여할 것 같은가? ○ 장기현장실습을 통해 어떤 종류의 기술 그리고 일반적 지식을 얻었나? ○ 장기현장실습 기간은 당신의 교육 및 경력 목표에 어떤 영향을 미쳤는가?

고용주의 평가도 중요합니다. 평가보고서를 통해 학생의 직무수행 평가, 제안과 비평의 수용 태도, 조직 적응 등을 설명해야 합니다. 학생들은 성공과 실패에 대한 피드백을 통해 고용주로부터 평가 기준과 기대에 관한 정보를 얻음으로써, 학교와 장기현장실습 고용주들에 대한 책임감을 갖게 됩니다.

② 장기현장실습제도가 대학생과 대학에 주는 효과

1) 학생이 얻는 이익

(1) 슈나이더 교수가 말하는 다섯 가지 성과

장기현장실습제도의 본 제도인 Cooperative education program(Co-op. 코업)의 창시자인 슈나이더 교수는 장기현장실습제를 통한 학생들의 달성 가능한 목표를 다섯 가지로 정리했습니다.

첫째, 장기현장실습제는 학생들이 실제 산업과 접촉하여 적합한 업무를 해볼 수 있는 자연스러운 방법입니다. 즉 실제 산업에서 예비 직장인 형태로 참여함으로써 자신의 성향과 적응력을 테스트해볼 수 있고, 이를 통해 자신의 학문(전공) 선호도가 분별력이 있는 것인지 아닌지를 실험적으로 검증할 수 있다는 것입니다.

둘째, 교육적 성과를 극대화하는 기회를 얻습니다. 학교에서 배운 이론적 내용을 실제 업무에 적용함으로써, 이론 내용을 보다 활력화할 뿐 아니라 학업에 대한 독창적인 연구 의욕도 자극할 수 있습니다.

셋째, 산업현장의 인간적인 요소를 이해하게 됩니다. 다른 종업원들과 동등한 관계에서 직접적인 일 경험을 함으로써 얻을 수 있으며 노사문제에도 직접 접촉할 수 있습니다.

넷째, 작업장에서의 경험을 통해 학문적 가치를 얻을 수 있습니다. 주로 산업의 경향에 대한 이해, 책임감과 자립심 등입니다.

다섯째, 경제적 가치의 획득입니다. 부분적 또는 완전한 경제적 자립, 외부 경험 세계에 대한 참여도 증가에 따른 소득 능력 및 구매력 향상, 그리고 견습생 단계를 넘어 연속적인 지위 향상 같은 것들이 이에 해당합니다.

즉 학생들은 학교를 벗어나 대학에서 매칭해 준 산업현장에 가서 자신의 전공과 관련된 업무를 수행함으로써, 적성을 스스로 실험해 볼 수 있고 학교에서 배운 이론을 실제 경험을 통해 강화할 수 있습니다. 또한 종업원들과 업무를 같이 수행하면서 작업장 환경과 인간관계 등을 체험할 수 있고, 업무에 대한 책임감과 주인정신을 기를 수 있습니다. 또한 일정한 보수를 얻음으로써 경제적 이익을 얻고, 실제로 채용되었을 경우 조직 구성원으로서 위상이 높아질 수 있습니다.

미국의 공학교육 프로그램도 학업적, 전문적, 개인적 성과 때문에 학생들에게 장기현장실습제 참여를 장려하고 있습니다.

이치욱(Chi-Wook lee, 2008)은 학생들이 장기현장실습제를 통해 ▲공학이론과 산업에서의 실제 적용 간 차이점에 대한 이해도 향상, ▲자신의 전공 관련 첨단기술 정보 유지, ▲실제 문제해결 상황에서 전문 엔지니어와 일할 기회 제공, ▲동료들과의 상호작용을 통한 커뮤니케이션 스킬 향상, ▲학생의 경력을 향상시킬 수 있는 계약 체결, ▲엔지니어로의 쉬운 전환, ▲개인적 경력방향에 대한 흥미와 목표 규명 등의 이익을 얻는다고 합니다.

〈표 1〉 장기현장실습에 참가한 학생들에게 기대되는 성과

학업적 성과	• 학교에서의 이론과 작업현장에서의 실제의 통합 • 학업적 성취에 대한 명확화 • 학업적 동기부여 • 최신 장비 사용을 통한 기술적 지식의 습득
전문적 성과	• 경력목표의 명확화 • 작업장 문화에 대한 이해 • 산업현장에서 필요한 역량 • 새롭고 진보된 기술 습득 • 경력관리 • 전문가들과의 네트워크 • 졸업 후 고용 가능성
개인적 성과	• 성숙 • 강점과 약점의 명확화 • 개인적 기술의 발전/향상 • 재정적 이익 • 책임감 • 생산적이고 책임성 있는 시민행동 • 생애에 필요한 기술의 학습

* 자료 : National Commission on Cooperative Education(2002)

(2) 취업률 향상

장기현장실습제는 학생들의 취업률 향상에 도움이 됩니다. 캐나다 워터루 대학의 경우 장기현장실습 출신 졸업생들은 85~94%의 취업률을 보이고 있으며, 미국 로체스터공대도 85%의 취업률을 보였다고 합니다. 이 대학은 장기현장실습제 참여를 통해 산업체와의 연계성이 향상됨으로써 최소 10% 이상 학생들의 취업률이 늘어나는 것으로 나타났습니다. 미국 퍼시픽 대학의 경우 장기현장실습제 경험이 있는 공대 졸업생들의 초봉은 전국 대학 평균보다 10% 높다고 합니다(Chi-Wook Lee and Brian Weick, 2008).

(3) 비전공능력 향상

장기현장실습제 참여 학생들은 취업률 외에 문제해결 능력, 경력목표, 지식과 기술, 경제적 능력 등 비전공능력과 관련된 다양한 요소에서 장기현장실습제를 경험하지 않은 학생들보다 월등한 성과를 거둔다는 특징이 있습니다.

특히 문제해결 능력, 커뮤니케이션, 비판적 사고, 팀워크 스킬 등은 고용주들이 종업원들에게 요구하는 핵심적인 스킬들입니다(Marini and Tillman, 1998). 장기현장실습은 단지 '일 경험'만을 학생들에게 제공하는 것이 아니라(Karim 등, 2004) 이러한 다양한 스킬을 제공한다는 장점이 있습니다.

학생들은 노동시장에서 성공적인 졸업생이 되기 위해서는 행동적이고 정서적인 지식(behavioral and affective knowledge)을 얻고 이를 인지적 인식(cognitive knowledge)을 얻는 교실 수업과 통합할 필요(Duwart and Canale, 1997)가 있는데, 장기현장실습제는 이를 실현시켜 줄 수 있습니다.

드레셀과 킬링((Dressler & Keeling, 2004)은 장기현장실습 학생들이 얻는 편익에 대해 "훈련된 사고력의 증가, 학습 능력 신장, 학습에 대한 책임감, 어떻게 배워야 할지에 대한 학습, 문제해결 능력 향상, 분석적 사고, 교실수업의 성과 향상, 학점 증가, 교육 목적에 대한 몰입감 증가, 교육에 소요되는 재정 관리능력 향상 등의 성과를 거둘 수 있다"고 밝혔습니다.

프라이엘(Frie, 1995)은 장기현장실습제 참여 학생들의 기업 관리자 691명을 대상으로 설문조사를 벌인 결과, 장기현장실습제 참여 학생들이 그렇지 않은 학생들보다 전문적이고 기술적인 문제해결 능력이 강하며, 프로젝트 관리를 더 잘하고, 기술적인 지식도 더 많이 갖고 있었다고 합니다.

윌슨(Wilson, 1987)은 장기현장실습 참여 학생들의 성과에 대해 "자율성과 자신감을 개발하고, 대인관계에 관한 욕구와 스킬을 증대시키고, 학업적 성취도와 인내심을 향상시킴으로써 학업에 대한 동기를 강화하게 한다. 또한 학생들은 주도적으로 업무에 참여하며 자신의 경력 기회뿐 아니라 일을 통해 조직문화와 전통을 탐색할 기회도 얻는다"고 강조합니다.

가드너와 못츠첸베커(Gardner & Motschenbacker, 1997)는 학생들은 장기현장실습 경험을 통해 재정적인 이익을 얻는데, 졸업 후 높은 초봉을 받을 뿐 아니라 학자 대출금을 줄이는데도 효과가 있다고 했습니다.

또한 대학에서 장기현장실습제 출신 학생들은 졸업 후 현장실습에서 경험한 직업을 첫 직업으로 선택하는 비중이 높다고 합니다. 장기현장실습 교육을 받은 사람들의 86%는 자신이 경험한 직업의 범주 안에서 첫 직장을 선택했으며, 이 중 25명은 현장실습을 나갔던 곳에 취업했습니다. 장기현장실습에 참가한 학생들은 해당기업에 취업할 수도 있지만 그렇지 않더라도 현장실습을 경험한 직업군에 취업할 확률이 상당히 높다고 합니다(Linn, Ferguson & Katie Egart, 2004).

미시시피대학에서 2000년 가을학기에서 2002년 봄학기 사이에 장기현장실습을 수행한 공대 졸업생들 773명의 학점은 장기현장실습을 하지 않은 학생들보다 높았으며, 졸업 후 평균 초봉도 장기현장실습을 한 사람들이 그렇지 않은 사람들보다 2,593달러가 많은 47,158달러였습니다(Blair, Millea & Hammer, 2004).

반 쥔(Van Gyn 등, 1997)도 장기현장실습을 한 학생들은 장기현장실습을 하지 않은 학생들보다 멘토링 관계를 더 많이 발전시켰으며, 사회적으로 자기주장이 강하고, 자신만만하며, 외향적이고, 주도적인 역할을 하는 것으로 나타났습니다.

〈표 2〉 장기현장실습을 통한 학생들의 편익에 대한 연구결과
(Research studies of benefits from co-op)

이익	세부 항목	이익	세부 항목
학업적 이익	• 학문에 대한 사고력 • 학습력 증진 • 학습 동기 향상 • 반성 능력 향상 • 문제해결 능력 향상 • 학업 성과 향상 • 이론을 실제에 통합하는 능력 향상 • 학업적 목표에 대한 몰입 증대 • 전공의 편익에 대한 지각 증대 • 대학에 대한 애착감 증대 • 대학생활 적응력 향상에 따른 스트레스 및 역할갈등 해소 • 높은 대학 유지율 • 학비 대처 능력 강화 • 학점과 직무성과 간 상관관계 저하	경력 이익	• 자신의 경력 관련 규명 및 설명 • 경력에 관한 의사결정과 계획 수립 • 학문 관련 경력 영역에서의 실제적 경험 획득 • 고용가능성 증대 • 직업, 질 높은 업무배치 탐색에 소요되는 시간의 단축 • 경력 향상 • 연봉 향상 • 국제적 경험 기회 • 업무 재개발 촉진 효과 • 작업장에서 비경쟁자들에 대한 협조
개인적 이익	• 자율성 증대 • 변화에 대한 적응력 증대 • 자기효능감 증대 • 목적의식 증대 • 동기부여 증대 • 커뮤니케이션 능력 증대 • 자신감 향상 • 윤리적 마인드 & 윤리적 딜레마 정화 • 미덕 강화 • 이니셔티브 증대 • 의사결정력 증대 • 책임감 증대 • 계획의 우선순위 설정 능력 증대 • 시간관리능력 개선 • 실행력 증대 • 돈 관리능력 향상 • 팀워크 & 협동심 증대 • 대인관계능력 향상 • 조직학습능력 향상 • 국제적 경험의 이익 향유	업무 능력 개발 이익	• 업무에 대한 긍정적인 가치 & 윤리의식 개발 • 직무요구에 대한 학습과 기능적 역할에 대한 가정 • 질서 준수/방향설정 능력 증대 • 역량 향상 • 실험의 설계 & 수행 능력 증대 • 기술적 지식과 능력의 증대 • 기업경영 관련 쓰고 말하는 능력 향상 • 조직문화에 대한 지식 획득 • 산업의 요구에 대한 이해 • 산업의 다른 영역으로의 빠르고 성공적인 이동 능력 • 넓은 산업 영역으로의 노출 • 자신의 전공에 대한 흥미 & 관심 향상 • 글로벌 관점 향상

*자료 : Dressler, S. & Keeling, A. E. (2011), 'Benefit of Cooperative and Work-Integrated Education for students', p.267~269, 4개 표 재구성.

직업적인 성공 측면(취업, 풀타임 vs 파트타임, 자신의 전공과 관련된 취업)에서도 장기현장실습 대졸자들은 비장기현장실습 대졸자보다 더 많은 성공을 거두었다고 합니다. 또한 장기현장실습 대졸자들은 자신의 일에 매우 만족했고 연봉이 높았으며, 조직에 대한 이해, 글쓰기 능력, 경력결정 능력, 효과적 업무 향상을 위한 피드백 능력 등에서 비장기현장실습 대졸자보다 더 성과가 좋았다고 합니다.

플레밍과 이엠즈(Fleming & Eames, 2005)는 장기현장실습제 학생들이 업무수행을 통해 조직생활 등에서 필요한 학습을 한다고 강조했습니다. 말하기 및 문서작성 능력, 대인관계 및 리더십 능력, 시간 관리, 조직적 계획 수립 능력, 팀워크, 자신감, 직업적 관계 수립과 같은 업무 능력, 반성적 사고, 비판적 분석, 문제해결 능력, 조사 능력과 같은 학업적 능력 등이 그것입니다.

또한 장기현장실습과 같은 경험학습 프로그램을 경험한 학생들은 교실 수업만 받은 학생들과 비교할 때, 도덕적 추론(moral reasoning), 자존감, 사회적·개인적 책임감, 성인 및 타인들에 대한 태도 향상, 경력 탐색, 공감 능력 등을 더 많이 얻는다고 합니다(Carol, 1994).

(4) '경험학습'을 통한 문제해결 능력 향상

이러한 학생의 성과가 나타나는 원리는 경험학습의 원리 때문이라고 할 수 있습니다. 경험학습(Experiential Education)이란 학생이 자신의 경험을 교육 커리큘럼에 통합함으로써, 경험을 의식적으로 적용하는 것을 의미합니다(Carver, 1996)[6)]경험학습협회(Association for Experiential Education)는 경험학습을 "학습자가 직접적인 경험을 통해 지식, 기술, 가치관을 얻는 과정"이라고 정의합니다(AEE, 1994).

6) Experiential Education과 Experiential Learning란 용어는 상호교환되어 사용되지만, Learning은 개인적 경험을 의미하는 반면에, Education은 교육자와 학생 간의 교환거래적(transactive) 과정을 의미한다는 점에서 구조적인 차이가 있다. 교환거래적 경험은 교육시스템 등 제도적인 장치를 포함한다. Experiential Education의 철학은 교육자와 학생이 구체적 경험을 공유할 뿐만 아니라 학생은 교육자를 통해 배우고, 교육자 역시 학생을 통해 배우며 지식을 교환한다는 점이다(Christian M. Itin, 1999).

경험학습은 구조화된 교육에 초점을 두고 있으며 특별한 역량의 향상을 위해 설계되어야 합니다. 학습은 단순한 행동이나 '일 경험'만으로는 충분하지 않고 학습경험을 어떻게 설계하고, 모니터하고, 평가하고, 개선하느냐 하는 것에 초점을 두어야 하는데(DeFalco, 1995), 학생들은 믿을 만한 과업(authentic task)을 완성함으로써 동기부여가 되고 이는 의미있고 개인적인 경험을 제공해주기 때문입니다(Yin, 2009).

장기현장실습은 단순히 장기간에 걸친 학습만을 의미하는 게 아니라, 대학에 의해 운영되고 교수(또는 장기현장실습 담당 코디네이터 역할을 하는 산학협력 교수)와 산업현장의 관리자(감독자 및 멘토 역할을 하는 선배 사원)에 의해 지도되고 평가를 받음으로써 이러한 경험학습의 효과를 높일 수 있습니다.

Kolb & Fry(1975)의 경험학습 사이클은 장기현장실습과 교실 교육의 관계를 잘 설명해 줍니다. 경험학습 사이클은 1) 구체적 경험(Concrete Experience) 2) 반성적 관찰(Reflective Observation), 3) 추상적 개념화((Abstract Conceptualization), 4) 상황의 검증을 위한 행동적 실험((Active Experimentation) 등 네 가지 요소로 구성됩니다.

구체적인 경험은 학습기간 동안의 실제적인 활동이나 과업을 의미합니다. 반성적 관찰을 통해 개인은 구체적인 경험에서 발생한 것들을 자신에게 반영합니다. 이후 개인은 경험에서 얻은 아이디어를 개념화하고 형상화하는 학습을 하게 됩니다. 마지막으로 개인은 이러한 새 아이디어를 향후에 검증하기 위해 새로운 계획화를 시도합니다. 개인은 새로운 아이디어를 검증할 때 이러한 순환을 반복함으로써 새롭고 구체적인 경험이 형성되는 선순환 구조를 이루게 되는 것입니다. 〈그림 2〉

인(Yin, 2009)은 콜브(Kolb)의 경험학습 이론에 학습영역 모델(Model of Domain Learning, MDL)을 적용함으로써 장기현장실습의 특성을 효과적으로 설명하고 있습니다.

〈그림 2〉 Kolb and Fry's (1975) Experiential Learning Cycle

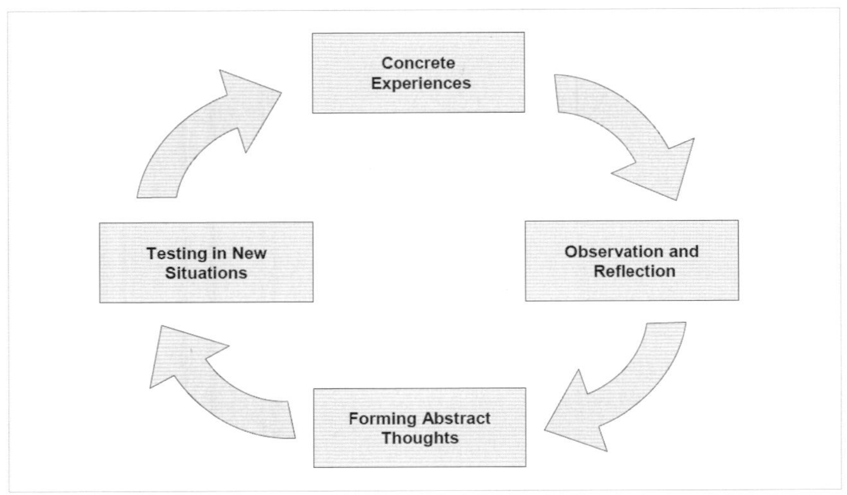

MDL은 주어진 도메인(영역)에서 개인의 전문성 개발이 그들의 지식, 흥미, 전략적 처리에 따라 변화한다는 것을 보여줍니다. 〈표 3〉은 전문기술의 수준과 각각의 특질을 제시하고 있습니다.

친숙 단계는 학습자가 도메인 안에서 어떤 주제와 친숙하지만 그 주제가 현장 상황에 왜 적합한지를 이해하지 못하고 있음을 보여줍니다. 학생들은 개인적인 흥미나 상황적인 흥미(예를 들어 학업에서 필요로 하는 과정) 때문에 도메인을 학습할 수 있습니다.

이 단계에서 학습자는 학습이나 문제해결을 위해 표면적으로 해당 분야에 적응하면서도 근본적으로는 자신의 지식 부족을 반성하게 됩니다. 그래서 해당 분야의 폭넓은 지식을 개발함으로써 다음 단계의 높은 역량 수준으로 이동합니다. 이러한 이동 과정을 통해 지식이 더욱 조직화되고 깊이 있는 수준의 전략을 개발함으로써 지식과 흥미, 전략적 처리가 점차 강화된다는 것입니다.

〈표 3〉 Alexander's(1997, 2003) Model of Domain Learning

전문기술 수준[7]	특질		
	지식	흥미	전략적 처리
친숙 수준	낮은 영역의 지식. 특정 주제에 대한 높은 지식 가능성	개인적인 차원보다는 상황적 차원의 흥미	학습의 표면적에 대한 의존
자신감 충만 수준	지식은 추상적 개념에 걸쳐 조직화됨	상황적 차원의 흥미가 개인적인 흥미로 발전됨으로써 학습을 촉진함	표면적 수준의 전략 처리가 깊이있는 수준의 전략 처리가 개발됨으로써 덜 활용됨
유능/전문 수준	높은 수준으로 조직화된 지식구조에서 개인은 학습분야에서 나타난 새로운 지식의 타당성과 장점을 평가하는 데 숙달됨	개인적 흥미가 학습 분야에서 발견된 문제를 해결하도록 함	깊은 수준의 전략적 처리가 주로 사용됨

* 자료 : Alexander C. Yin(2009), "Learning of the job : Cooperative education, Internship and Engineering Problem-Solving Skills," p.23.

인(Yin, 2009)은 MDL 모델(흥미, 지식, 그리고 전략적 처리)의 요소들과 전문기술 수준(친숙, 자신감 충만, 전문수준)이 경험학습의 사이클의 원리를 통해 장기현장실습 과정에서 향상될 수 있다고 합니다.

장기현장실습에 참여하는 학생들에게 주어지는 업무 배치는 학생들에게 믿을 만한 경험이 되며, 학교에서 배운 지식을 일과 관련된 업무에 적용하게 됩니다. 과업 수행 기간 중 또는 기간이 끝난 후에 모두 고용주들은 학생들에게 피드백을 제공하는데, 이러한 과정에서 학생들은 자신의 강점과 약점을 파악하고, 학교로 돌아와서는 부족한 지식을 채우기 위해 새로운 과목을 듣거나 새로운 멘토를 찾는 등 지속적인 학습 노력을 하게 됩니다.

더불어 장기현장실습으로부터 얻은 지식의 변화는 학생들이 교실에서 배운 지식을 이해하게 해줌으로써 단지 교과서상의 문제해결 대신에 실제적인 의미를 파악하게 해줍니다.

---

7) 지식은 지식의 폭과 주제(breadth knowledge and topic knowledge)로 나뉜다. 흥미는 개인의 관심, 목표, 학습 수준에 영향을 미침으로써 학습에 영향을 준다. 전략적 처리 절차는 학습자가 지식을 얻음으로써 MDL의 다른 두 요소를 연결하는 정보를 학습하고, 변형하고, 전환하는 데 사용된다.

〈그림 3〉 Cycle-Cooperative Education Experience

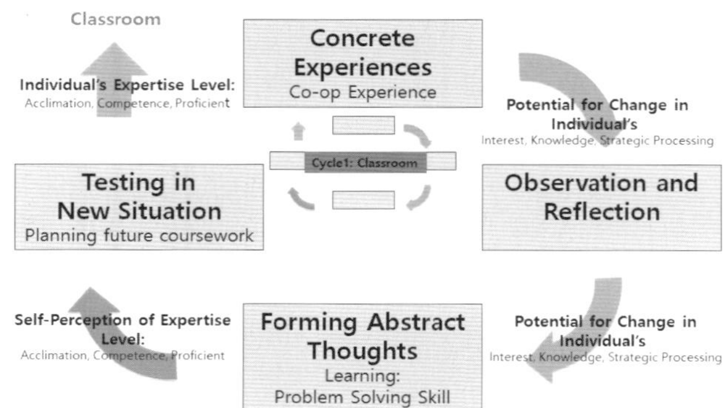

* 자료 : Alexander C. Yin(2009), "Learning of the job : Cooperative education, Internship and Engineering Problem-Solving Skills," p.35.

또한 학업 영역의 지식의 폭과 깊이를 넓고 깊게 해주며, 나아가 교실에서의 사고와 작업 현장에서의 경험은 학생들의 지식구조의 위계를 조직화하게 해줍니다. 장기현장실습 참여 학생들은 교실과 일터를 번갈아 가면서 흥미, 지식, 전략적 처리 기술이 상승하게 됨으로써 문제해결 능력이 향상됩니다.

결과적으로 장기현장실습제는 학생들에게 기업에서 필요로 하는 실무역량 및 문제해결 능력 등을 향상시켜 주고, 일-통합 학습을 통해 학생과 직장을 연결하는 중요한 가교역할(Gardner & Kozlowski, 1993)을 함으로써 학습 역량을 강화하는 데 도움을 줍니다.

◉ 알아봅시다 | 장기현장실습제 효과성 관련 교육학 이론

장기현장실습의 효과성을 설명하는 교육학 이론은 매우 다양하다.

첫째, 장기현장실습에 관한 이론적 학습 배경으로는 학생의 모티베이션 향상을 들 수 있다. 이를 설명한 모델은 앳킨슨(Atkinson)의 성취동기 모델(Model of Achievement Motivation)에서 연유한 기대-가치 모델(expectancy-value model)인데, 업무가치와 결합한 기대는 업무

몰입과 연속적인 성취를 이끈다는 것이 핵심 내용이다. 앳킨슨은 "기대감은 학생들이 수행하는 특별한 과업에 대한 성공(또는 실패) 가능성에 관한 믿음이며, 가치는 개인이 과업에 대한 성공이나 실패에서 얻게 되는 것"이라고 말한다.

이를 장기현장실습에 적용해 본다면, 기대감의 관점에서는 학생들이 처음 이력서를 제출할 때부터 졸업을 위해 마지막 작업을 수행할 때까지, 성공을 이루거나 실패한 경험을 통해 뭔가를 배우게 된다. 즉 성공을 하면 미래의 성공 가능성을 믿게 되며, 실패를 하게 되면 작업장 안에서 적절한 해결방법을 찾게 마련이라는 것이다. 또한 학생은 장기현장실습 전문가, 감독자, 멘토 등과 함께 있기 때문에 과업 수행의 어려움을 크게 느끼지 않는다고 한다.

가치의 관점에서 보면 학생들은 도전 의욕을 제공하는 업무, 업무 수행에 대한 신념, 목표 의식을 촉진하는 업무의 중요성, 학교나 고용주들이 제시하는 과업 목표에 영향을 받는다고 한다. 또한 자신들이 희망하는 일과 매치되는 업무를 할당받게 되면, 도전 의식을 갖고 목표 달성에 매진할 수 있다고 한다.

둘째, Reflection-in-Action(행위 중 반성)이론이다. 반성 행위가 일어나기 위해서는 학생들이 과거의 지식을 새로운 상황에 적용해야 한다(Schn, 1983). 행위 중 반성은 전통적인 관점에서 학습이 교수에서 학생들에게 전달되는 것보다, 실제 경험을 하는 가운데서 발생할 수 있다는 것이다.

이러한 현상은 장기현장실습제 참여 학생들이 업무를 마치고 난 후 멘토나 코치의 피드백이나 대화를 할 때 일어날 수 있다. 학생은 신뢰할 만한 환경에서 대화를 하면 자신의 부족한 점이 무엇이고 어떠한 점을 향상시켜야 하는지를 파악하게 된다. 이러한 과정을 통해 학생들은 스스로를 성찰하며 교훈을 얻게 된다.

셋째, Centralized Role of Learner(학습자 중심 역할)이론이다. 모든 형태의 일-통합 학습(work-integrated learning)의 특징의 하나가 바로 학습자의 중심적 역할이다.

장기현장실습과 같은 일-통합 학습은 개인에게 학습의 기회를 제공하지만 그 이익을 받을지 여부는 오직 개인에게 달려 있다고 할 수 있다. 장기현장실습에 참여한 학생들은 새로운 환경에 적응하며 개인적이고 직업적인 발전을 꾀할 수 있다.

2) 대학이 얻는 이익

장기현장실습제도가 운영 주체의 한 축이자, 학생들을 육성하고 기업체와 산학 협력을 강화하는 대학에도 많은 성과를 준다는 점은 선행연구에 의해 입증되었습니다. 주요한 효과는 다음과 같이 정리해 볼 수 있습니다.

(1) 대학 위상 향상 제고

첫째, 대학의 위상 및 명성을 높이는 데 효과적입니다. 장기현장실습제를 통한 기업체와의 파트너십은 교육의 질, 교육에 관한 대학의 위상과 명성을 높이기 때문에 대학에 이익이 되며, 그럼으로써 장기현장실습제의 파트너십 위상도 높아진다고 합니다(Breen과 Hing, 2002).

미국 퍼시픽 공과대학의 신입생 모집과 장기현장실습제 영향에 관한 연구에서, 장기현장실습은 학생들이 대학을 선택하는 가장 영향력 있는 요소로 나타났습니다. 또한 230명의 학생들을 대상으로 '장기현장실습제를 하지 않는 4년제 교육과정'과 '장기현장실습제를 포함한 5년제 교육과정' 중 어떤 과정을 선택할지에 대한 조사 결과, 89%의 학생들이 장기현장실습제가 포함된 5년제 학사과정을 선호하는 것으로 나타났습니다(Martin, 1997).

또한 장기현장실습제는 학생과 학부모를 유인하는 대학 브랜드를 만들고 우수 입학자원의 유치에도 도움을 줍니다(Hutcheson, 1996). 장기현장실습제와 비장기현장실습제 교과과정에 각각 입학한 학생들의 특성에 관한 연구에서 장기현장실습제 참여 학생들이 비장기현장실습제 학생들보다 최우수 등급 학생들이 훨씬 더 많았다(Van Gyn, Branton, Cutt, Loken & Ricks, 1996)는 점도 이를 뒷받침합니다.

또한 장기현장실습제 참여 학생들은 비장기현장실습제 학생들보다 더 많은 '일 경험'을 하고, 전공과목의 학점 수준도 비장기현장실습제 학생들보다 훨씬 높았는데, 이는 장기현장실습제가 우수한 학생들을 유인하는 역할을 하기 때문입니다(Van Gyn 등, 1996; Roew, 1989).

외국 선행연구들은 장기현장실습제가 우수한 입학자원을 유치하고 대외적인 명성을 높이는 데 도움을 준다는 것인데, 그만큼 제도의 효과가 정착되었기 때문입니다. 즉, 학생들이 학기 과정 중 전공과 관계된 일이나 프로젝트를 수행함으로써 전공 능력 및 일 경험을 통한 문제해결 능력, 진로탐색 능력 등을 함양하고 취업과도 잘 연계되는 성과를 거두어 우수 인재를 양성하는 교육기관이라는 이미지를 구축하게 되는 것입니다.

(2) 교육 커리큘럼 및 산학협력 강화

둘째, 대학의 교육 커리큘럼 및 산학협력을 강화할 수 있습니다.

두브와 컨골드(Dube & Korngold, 1987)는 "효과적인 장기현장실습 교육 프로그램은 학교 커리큘럼을 강화시킬 수 있고, 많은 학생들의 취업과 고용주들의 기부를 통해 학교의 재정을 튼튼하게 할 수 있다"고 강조합니다. 장기현장실습 프로그램은 대학과 학생들을 고용한 기업 공동체들과의 긍정적인 관계 구축에 도움이 되며, 또한 교실 실습의 연장으로 기업체의 작업장을 사용함으로써 최신식 장비와 기술에 접근할 기회를 제공합니다(Hutcheson, 1996).

또한 장기현장실습제는 지역사회의 구성원으로서 대학이 외부 세계와의 관계를 형성하는 적절한 수단의 역할을 합니다(Stephen Crump, 2012). 즉 외부 세계와의 지식의 교환을 통해 대학 커리큘럼이나 연구개발에 도움을 얻는다는 것입니다. 또한 이론과 실제 간의 통합학습을 통해 학생들의 교육적인 성과를 더 좋게 하는데, 이는 학생들의 지식과 자존감이 향상되기 때문입니다.

변화하는 산업현장의 요구, 고용주의 피드백 그리고 산업이 개입된 교과과정 설계에 대응하기 위해 대학이 커리큘럼을 재편하게 됩니다(Weisz & Chapman, 2004). 즉 학생들이 장기현장실습기간 동안 수행하는 활동 과정에서 자신감을 얻을 수 있게, 교육을 더 효과적으로 진행하도록 한다는 것입니다.

대학 교수들이 일 통합학습을 통한 실습과정에서 교육의 효과를 측정하고 교육내용을 새롭게 정비할 수 있게 합니다. 장기현장실습과 같은 일 통합학습은 학생과 교수들이 교육성과 평가 방법에 관한 미래지향적인 논의를 하도록 하기 때문입니다.

장기현장실습은 실제와 이론교육을 통합하는 과정이 실시간으로 이루어지는 과정으로도 볼 수 있습니다. 즉 외부(산업현장)의 피드백은 교육자에게 커리큘럼 설계에 관해 다르게 생각해볼 기회를 줌으로써, 직업 관련 실습과정에서 배우는 것들에 대한 고민을 이해관계자들이 통합하도록(McNamara, 2009)하는 효과가 있다는 것입니다.

(3) 대학 재정력 강화

셋째, 장기현장실습은 대학 재정에도 도움을 줍니다.

직접적인 수입뿐 아니라 장기현장실습제 참여 기업과 외부 이해관계자들의 투자 등이 이루어질 수 있기 때문(Stephen Crump 등, 2012)입니다. 캐나다 빅토리아 대학의 경우 1992~1993년간 장기현장실습 프로그램 기금의 64%를 기업들로부터 제공받은 것으로 나타났습니다(Cutt & Loken, 1995). 또한 대학이 장기현장실습이라는 기업과의 산학협력제도를 통해 대학 교육 커리큘럼을 더 현장 중심적으로 개편함으로써 산업 밀착형 학생들을 양성해 기업에 우수한 학생을 채용하도록 도움을 주고, 기업의 투자 등을 통한 재정적인 이익을 얻으면서 지속적인 파트너십을 형성할 수 있습니다.

3) 선진국 장기현장실습제도 운영의 특징

북미 지역의 대학들은 50~110년의 장기현장실습 역사를 갖고 있기 때문에 매우 체계적이고 효율적인 장기현장실습제도를 운영하고 있습니다. 각 대학에 지원하는 학생들의 상당수가 장기현장실습제 때문에 입학을 할 정도로 이 제도는 대학을 대표하는 브랜드의 역할도 하고 있습니다. 오랜 역사를 바탕으로 기업체와 대학 간 신뢰가 구축되어 있을 뿐 아니라, 체계적인 운영 및 프로세스, 전담 조직 구축 및 역할 분담체계가 잘 정립돼 있는 것이 특징입니다(오창헌 외, 2012).

이들 국가의 대학은 장기현장실습제도를 선택제로 하는 경우도 많지만, 역사가 오래되고 체계적으로 운영하는 대학은 필수로 운영하기도 합니다. 장기현장실습 횟수도 1~5회로 탄력적으로 운영하고 있는데, 4년제인 우리나라 대학과 달리 5년제로 운영하기 때문에 상대적으로 운영 횟수가 많고 기간이 깁니다. 주요한 특징은 아래와 같습니다.

〈표 4〉 국외 주요 대학 장기현장실습제도 운영의 특징

대학	North-eastern University	Rochester Institute of Technology (RIT)	GeorgiaTech	Drexel University	University of the Pacific	Univ. of Waterloo (Canada)	Central Washington University
학제	4-5년제	5년제	4-5년제	5년제	5년제	5년제	4-5년제
장기현장 시작시기	1909년부터	1912년부터	1912년 부터	1919년부터	1971년 부터	1957년부터	1972년부터
사전교육 및 교과과정	사전교육 필수 A, B 두 종류 교과과정을 운영하고 정규학기와 하계 미니학기를 결합하여 Co-op실시 (22.5주/회) 5년제의 경우 3회 Co-op 실시	사전교육 필수 첫 2년 동안은 코스워크를 이수하고, 이후 3년은 쿼터(11주)를 교대로 Co-op에 참가 고용주 평가와 학생 Co-op 업무 보고서 통과되면 성적 취득	각 개인별로 Co-op 옵션을 선택 운영 평점 2.0 이상, 80학점 미만 수강자에 대해 Co-op 자격 부여	사전 교육 필수 각 전공별로 Co-op 옵션을 선택 운영 공학: 1 또는 3 Co-op 옵션 가능 경영: 0, 1, 3 Co-op 옵션가능	사전 교육 필수 Quarter제 운영, 필수과정	사전 교육 필수 4년제 운영/선택과목, Co-op 참여시 5년 소요 공학, 건축, 회계학 등 전공은 필수	1년 이상 교과과정 이수하고, 누적평점 2.0 이상인 학생만 참여
1회 장기현장 실습 기간 및 최대횟수	15주/7.5주로 나눔	3개월씩 5회 쿼터까지 가능	4개월씩 3번에서 최대 4번까지 가능 (16개월)	6개월씩 최대 3번까지 가능 (18개월)	2회에 걸쳐 4개월, 6개월의 Co-op과정 이수	재학기간 중 최대 6번의 Co-op학기 (한 학기 4개월)	기본 10주간 참여
필수여부	필수	필수	선택	필수	필수	선택 및 필수	선택

대학	North-eastern University	Rochester Institute of Technology (RIT)	GeorgiaTech	Drexel University	University of the Pacific	Univ. of Waterloo (Canada)	Central Washington University
장기현장실습 중 학점부여 및 등록금	학점無/ 대학 등록금 없음	학점 無/ 대학 등록금 없음	학점無/ 대학 등록금	학점 無/ 대학 등록금 없음	학점: 32unit/ 등록금: $8,943	학점無/ $587 Co-op 학기당	40시간 실습에 1학점 등록금 납부
참여 학생수/협약 기업수	연간 8,000명/ 기업체 2,000개	연간 3,500명/ 기업체 약 2,000개 (국내외)	연간 3,200명	년 4,500명 (2011년 기준) / 1,500개 기업(28개주(국내) / 38개국(해외))	공대 학생 75% 구직 위해 장기현장실습 지원 /기업체 약 300개	연간 1만 8천 명 학생 참여	연간 800~900명
임금 (보수)	첫째 co-op: $16-$19, 둘째 $18-$22, 셋째: $20-$24	임금은 고용주가 전공 및 레벨, 경력에 따라 결정	월 $2,000	공학: $17,213/6개월, 경영: $15,231/6개월	시간당 $15-25	첫 Co-op학기: $7,700 / 4개월 마지막 Co-op학기: $16,000 / 4개월	시간당 14.5달러 (무급과 유급과정 운영)
전담기관	Center for Experiential Education	Office of Cooperative Education	Division of Professional Practice	SCDC (Steinbright Career Development Center)	Office of Cooperative Education	Co-operative Education & Career Service	CWU Career Service
주요특징	미국 대학 중 장기현장실습 파견학생 연간 최다				신입생의 75%가 장기현장실습이 대학 선택 이유	세계 최대 장기현장실습제 운영 대학	사범 및 인문사회계열 참여비율 높음 (73%)

*자료 : 오창헌 등(2012), 박철우 등(2014), 김우승(2015), 이종호 등(2015), Lee, C. & B. Weick(2008)에 저자 추가 조사 및 재구성

제2장

한국 대학의 장기현장실습제도

제2장 한국 대학의 장기현장실습제도

1 한국 현장실습제도의 변천 과정

한국에서는 현장실습제도가 언제부터 시작되었을까? 우리나라는 1963년 산업교육진흥법을 제정하면서 '학생에 대해 농업·공업·수산업 기타의 산업에 종사하기 위하여 필요한 지식·기술 및 태도를 습득시킬 목적으로 행하는 교육'으로 정의한 '산업교육'이 현장실습의 시초라 할 수 있습니다.

이후 1973년 법 개정을 통해 '산업교육을 실시하는 학교의 학생은 재학 중 일정한 기간 산업체에서 현장실습을 이수해야 한다'고 명시함에 따라 현장실습이란 용어를 처음으로 사용하였으며, 현장실습의 의무화가 시행되었다(김우승, 2015)고 할 수 있습니다.

1997년 제정된 '직업교육훈련 촉진법'과 같은 해 개정된 '산업재해보상보험법' 등에서는 현장실습을 직업교육 영역으로 보았습니다. 1997년 '고등교육법'은 고등교육기관의 수업과 산업현장의 연계를 강화하기 위해 현장실습 수업 및 실습학기제를 도입하게 되었습니다(김우승, 2015).

정부에서는 청년이나 대학생 현장실습에 대한 '열정페이' 문제, 현장실습 운영에 대한 체계적인 제도 수립 필요성 등에 대한 사회적 요구를 반영하기에 이르렀습니다.

고용노동부는 일부 기업이 일 경험 수련생을 교육·훈련 목적 없이 단기노동력으로 활용함으로써 청년들에게 부정적인 직업관을 갖게 하고 기업의 경쟁력과 생산성 저하는 물론 노동시장 전반에 나쁜 일자리를 만들고 있다는 현실로부터 열정페이 근절과 올바른 일 경험 문화 정착을 위한 '일 경험 수련생에 대한 법적 지위 판단과 보호를 위한 가이드라인(일 경험 수련생 가이드라인)을 마련(2016. 1. 1.), 시행(조성혜, 2017)했습니다.

교육부는 고시 제2016-89호(2016. 6. 29. 제정)를 통하여 '대학생 현장실습 운영규정'을 제정했는데, 대학생에게 더 효과적인 현장실습 기회를 제공함으로써 실습기간 동안 발생할 수 있는 안전 등의 문제로부터 대학생을 보호하고, 대학별로 달리 운영되는 현장실습에 대한 통일적인 기준을 마련하여 대학생에게 질 높은 교육과정을 제공하기 위한 것으로, 대학 현장실습의 운영기준과 절차가 체계화되면서 대학의 현장실습 운영의 제도적 여건이 마련되었습니다.

〈그림 4〉 현장실습 수업방법의 용어 및 범주

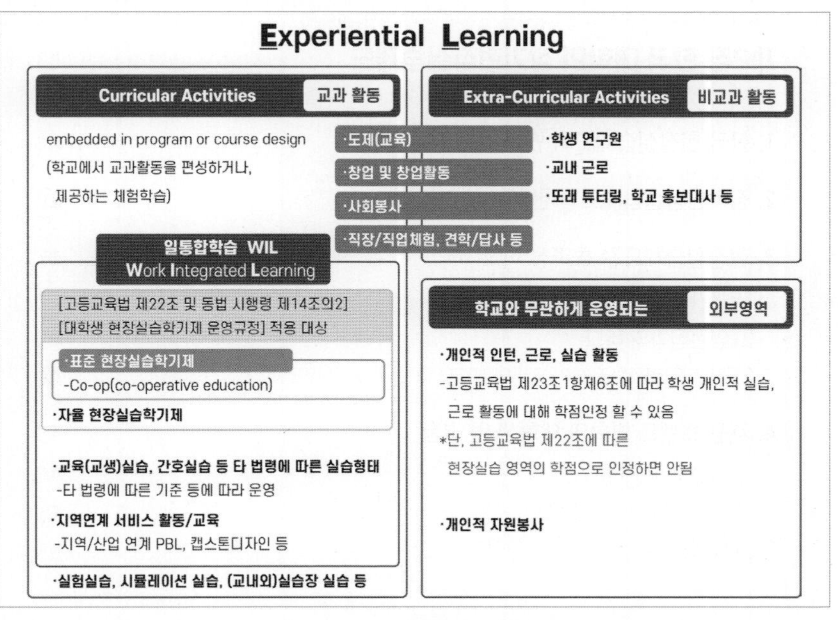

* 출처 : 교육부, 한국연구재단(2021.7). 대학생 현장실습학기제 운영규정 매뉴얼. p.17.

이어 교육부는 운영기준·절차의 표준화를 통한 질적 내실화 및 학생 권익과 안전성을 강화한 학생 중심의 현장실습으로 변화하기 위하여 2021년 7월 「대학생 현장실습학기제 운영규정」을 개정 고시하였습니다.

〈표 5〉「대학생 현장실습학기제 운영규정」 주요 개정 내용(2021. 7. 6)

구분	주요 내용
체계화 및 표준적 운영절차 마련	• 현장실습학기제의 체계화 - 현장실습학기제를 표준 현장실습학기제(제2조제2호)와 자율 현장실습학기제(제2조제3호)로 구분 - 별도 법령 및 제도(평가·인증) 등에서 정한 기준과 절차에 따라 운영하는 의무 현장실습은 적용 제외(제3조) • 표준화된 운영절차 마련 - 대학·실습기관에 표준 현장실습학기제의 운영절차(제11조제1항) 및 양식(별지 제1호, 제2호, 제3호 서식) 마련·배포 - 학교는 전공적합성(제13조)과 자격 요건 등을 고려하여 학생을 추천하고, 실습기관은 해당 표준 현장실습학기제에 부합한 학생 선발(제11조제2항)
학생 권익 강화 및 안전망 구축	• 참여 학생의 권익보호 강화 및 실습 내실화 - 실습기관은 학생의 실습에 필요한 사전교육, 중간점검 및 결과점검, 지도 등의 교육시간(전체 실습시간의 10%이상 25%이내) 배정(제5조) - 실습 중의 각종 사고·재해 및 성희롱 예방 교육 실시하고(제18조제1항), 부적정 실습상황에 대한 시정요청, 실습 중단 및 복교 등의 조치(제18조제9항) • 보험가입 의무화를 통한 참여 학생 안전망 강화 - 실습기관은 현장실습학기제에 참여하는 현장실습생을 산재보험에 한해 근로자로 의제하여 보험 의무가입(제18조제2항) - 대학은 현장실습학기제에 참여하는 학생을 보호하기 위해 학생을 피보험자로 하는 상해보험 의무가입(제18조제3항) • 현장실습학기제 근로계약 체결 - 실습 중 발생할 수 있는 근로문제 예방 등 학생 안전망 강화를 위해 근로계약 체결(실습 직무 범위 내 노동관계법령 준수) 가능(제23조)
현장실습지원비 지급 의무화	• 직무가 부여되는 표준 현장실습학기제 참여 학생에 대해 교육시간을 고려하여 시간급 최저임금의 75/100이상의 실습지원비 지급(제22조) • 자율 현장실습학기제의 경우 유급을 원칙으로 하되, 엄격한 요건을 충족할 경우에만 제한적으로 무급운영 허용(제25조제4항)
국가재난 등에 대비한 탄력적 현장실습 운영	• 국가재난 발생 시 학생 안전 및 보호조치(복교, 대체과목 시행 등) 시행과 일정한 요건하에서 재택현장실습(실습기간의 1/4이내) 허용(제26조~제28조)

특히 이번 개정을 통해 현장실습 관련 용어를 일원화하여 명확히 하였습니다. 고등교육법에서는 '현장실습수업' 및 '실습학기제'라는 용어를 사용하고 있으나, 이를 '현장실습'이라는 4글자의 제도적 용어로 약칭하여 사용하여 왔습니다.

그런데 고등교육법 및 동법 시행령 개정에 따라 '학교 밖에서 이루어지는 수업 방법'의 하나로 '현장실습 수업방법'을 규정하는 운영규정 개정을 통해 '현장실습 수업방법'을 '현장실습학기제'라는 용어로 규정하여 사용하도록 했습니다.

이번 개정 규정의 핵심적인 내용은 ①체계화 및 표준적 운영절차 마련, ②학생 권익 강화 및 안전망 구축, ③현장실습지원비 지급 의무화, ④국가재난 등에 대비한 탄력적 현장실습 운영 등으로 종합할 수 있습니다.

현장실습은 '학생들에게 진로인식과 진로탐색, 직무능력의 향상 기회를 제공하기 위해 프로그램 형태로써 산업현장의 일과 학교 교육과정을 연계한 학습경험 및 교육 활동의 총체'라고 할 수 있습니다(안준용, 2008),

더불어 이론 중심의 대학교육과 실무능력을 중시하는 산업체 수요와의 미스매치 해소를 통한 취업률 제고의 중요한 수단이며, 현장실습이 성공적으로 안착하면 대학생은 현장경험을 통한 실무능력 배양, 기업은 우수 인재의 조기 확보와 고용비용 및 재교육 비용 절감, 대학은 산학협력체제 구축 및 대학 경쟁력 강화 등의 효과를 기대할 수 있습니다(장후은·허선영·이종호, 2017).

최근 들어 직무능력을 중시하는 산업체의 채용방식 변화, 각종 대학재정지원사업을 통한 정부 지원, 대학 정보공시 항목으로 현장실습 운영 현황의 포함 등에 따라 현장실습에 참여하는 대학, 학생, 실습기관은 양적으로 크게 성장하고 있습니다.

교육부의 '2018 대학 산학협력활동 조사보고서'에 따르면, 2018년 현장실습 운영대학 수는 310개이며, 4주 이상 8주 미만(120~140시간) 현장실습 이수 학생(이하, 4주 학생)이 전체 이수 학생의 68.7%(99,820명), 8주 이상 12주 미만(240~360시간) 학생(이하, 8주 학생)이 18.1%(26,227명), 12주 이상(360시간 이상) 학생(이하, 12주 학생)이 13.2%(19,174명)를 차지하는 것으로 나타났습니다.

〈그림 5〉 이수학생 기간별 비율

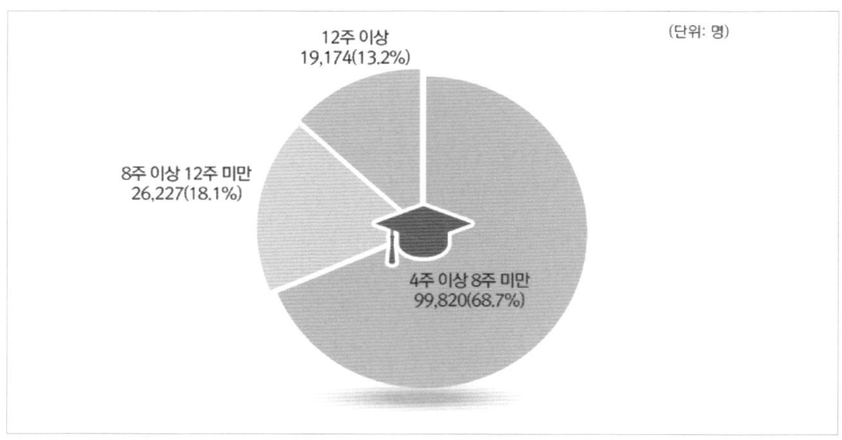

* 출처: 교육부·한국연구재단(2020) '2018 대학 산학협력활동 조사보고서'.

〈그림 6〉 기간별 지원금 수령학생 비율

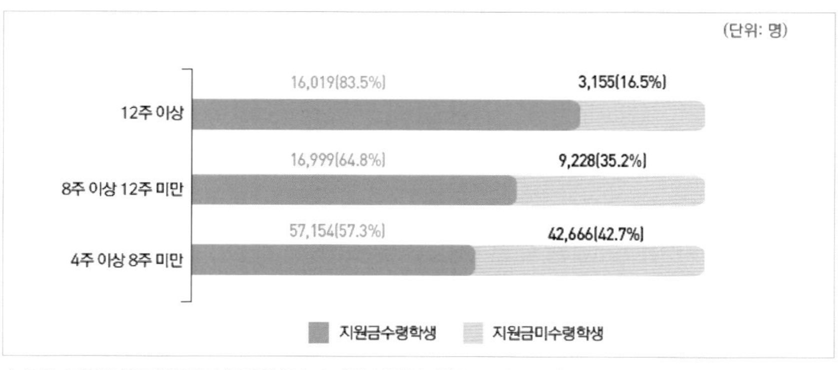

* 출처: 교육부·한국연구재단(2020) '2018 대학 산학협력활동 조사보고서'.

② 장기현장실습제도의 현황

우리나라에서 장기현장실습제도는, 1998년 경북대학교의 '샌드위치 교육과정' 이란 이름의 학기제 현장실습교육 도입을 시작으로, 울산대, 성균관대, 한양대 에리카, 서울과기대 등 일부 대학들이 단기현장실습제도의 문제점을 극복하고 대학과 기업 간 파트너십을 통한 인재양성, 교육의 현장성 제고, 학생 취업률 향상 등을 목적으로 시행해왔습니다.

대부분 미국에서 1906년부터 시작된 Cooperative education Program(Co-op. 산학협동교육)[8] 제도를 도입하여 각 대학의 실정에 맞추어 운영하였습니다. 특히 2012년부터 고용노동부 산하 특성화 대학인 한국기술교육대가 기업연계형 장기현장실습제인 IPP(Industry Professional Practice)를 실시하면서 체계적인 장기현장실습제 운영이 시작되었습니다.

장기현장실습제도를 운영하는 대학들은 대학과 기업(기관)이 파트너십을 통해 인재를 양성하고 학생들에게 직업 세계 경험 기회를 제공함으로써 교육의 현장성을 높인다는 데 의견을 같이하고 있습니다.

장기현장실습제도는 대학교육과정에서 습득한 이론을 기초로 일정 기간 동안 전공과 관련된 국내외 산업현장에서 급변하는 Trend 및 실무를 체험하고 이를 통해 현장 감각 및 적응능력 향상, 진로 설정의 방향성 제시, 취업 경쟁력의 강화 등을 목적으로 표방하고 있는데, 이를 위해 학생들에게는 산업체에서 장기간 일하면서 현장에서 필요로 하는 실무지식과 기술을 습득하게 하고 진로설정을 명확하게 하여 전공능력 및 취업역량을 강화시키고 기업에는 인재 활용 및 인재 사전검증 등을 하게 하고 있습니다.

이후 고용노동부와 산업인력공단은 장기현장실습제도의 활성화를 위해 2015년 4월부터 전국 대학을 대상으로 'IPP형 일학습병행제'라는 제도 도입을 지원하기 시작하였습니다.

8) Cooperative Education Program에 관한 한국에서의 용어는 교육형 산학협동, 산학협력교육, 산학협동교육, 현장실습, 장기현장실습, 산업체 장기인턴십 등 연구자와 교육기관(대학)마다 다양하게 사용되고 있다.

IPP형 일학습병행제[9]는 한국기술교육대에서 실시하고 있는 기업연계형 장기현장실습제(IPP: Industry Professional Practice)와 한국산업인력공단이 시행하고 있는 한국형 도제제도인 '일학습병행제'를 융합한 제도로, 15세 이상 청년들이 참여할 수 있는 일학습병행제에 대학 재학생의 참여가 활성화될 수 있도록 '대학형 일학습병행제'의 일환으로 실시되었습니다.

IPP형 일학습병행제 운영대학은 1기(2015년) 12개, 2기 9개, 3기 7개, 4기 8개 대학 등 총 36개 대학이며, 지역 분포는 서울 및 수도권 12개, 충청권 9개, 영남권 10개, 호남권 2개, 강원권 3개입니다.

2015년~2021년까지 2만여 명의 학생들이 IPP에 참여함으로써, IPP는 한국대학 장기현장실습의 대표 모델로 진행되고 있으며, IPP에 참여하지 않은 대학들은 학기제 현장실습 등의 명칭으로 자율적인 장기현장실습제를 운영 중이며, 지자체(경기도 - 대학생 취업 브릿지)에서도 운영하고 있습니다.

9) 이 제도 참여 대학들은 1차 년도에는 IPP만 시행하고, 2차 년도부터 IPP와 일학습병행제 두 가지를 진행하는 형태로 운영된다.

③ 현장실습제도간 효과성 비교

현장실습이란 "기대되는 소기의 성과를 달성하기 위해 생산적인 작업 현장에서 경험을 습득하도록 계획된 프로그램"으로 정의됩니다(Mason, Furtado, & Husted, 1986). 현장실습은 일 경험(work experience), 감독 관리된 직업 경험(supervised occupational experience, SOE), 현장 연습(field practice), 일 기반 학습(work-based learning) 등 지칭하는 용어들이 다양하지만 개념은 대동소이합니다(강종훈 등, 1998).

우리나라 정부에서는 현장실습을 "현장 적응력과 창의력을 지닌 인재 양성을 위해 대학과 기업(기관)이 공동으로 참여하여 쌍방 간에 합의한 기간 동안 국내·외 산업현장에서 학생의 실습교육을 실시하고 이를 통해 학점을 부여하는 대학의 교육과정"으로 정의하고 있습니다(교육부·-한국연구재단, 2016).

현장실습은 단기와 장기로 구분할 수 있습니다. 단기현장실습은 보통 4~6주간의 현장실습을 의미하고, 장기현장실습제는 최소 4개월 이상 산업체에 파견되어 현장실습을 경험하는 것을 의미합니다. 장기현장실습제도의 개념적 특징은 현장실습의 개념을 포함하고 있는 유사 제도들과의 비교를 통해서 더 명쾌하게 정리할 수 있습니다.

1) 단기현장실습과의 비교

단기현장실습은 주로 공과대학 중심의 교과과정의 일환으로 방학 중 일정한 학점을 부여하며 산업체에서 약 1개월 정도 근무하는 현장실습 교육제도로 운영됩니다. 단기현장실습은 대학이 선정한 협력 기업체에 학생을 보내는 경우가 일반적이나, 학생이 개별적으로 지인의 사무실 등 사업체에서 현장실습을 수행하는 경우도 있었습니다.

단기현장실습은 학생 입장에서는 짧은 기간이라도 산업현장을 체험할 기회이기는 하지만, 산업체 입장에서는 실질적인 OJT(On-the-job training) 기간에도 미치지 못해, 학생들이 단순작업 이외의 실질적 업무에 투입되기 어려워 실무체험 및 학습효과에 한계가 있다는 지적이 있었습니다.

나아가 학생들은 단기현장실습을 단순히 Part-Time 업무나 이력서 빈칸 채우기식 과외활동, 졸업을 위한 학점 채우기 정도로만 인식하는 등 실무체험 및 학습에 대한 동기마저 저조한 경향이 있으며(박철우 등, 2014), 기업도 단기현장실습 운영을 오히려 비용부담으로 여기거나 기업 및 기관의 홍보나 이미지 제고를 위한 이벤트 정도로 활용한다는 문제가 제기되어 왔습니다.

대학생들은 여름 방학 기간에 파트타임으로 일 경험을 하지만, 졸업 후 실제적인 직업 환경에서 가치있는 경험으로서의 기능을 하지 못하는 한계가 있습니다(Grub 등, 1993)

또한 방학기간을 이용하다 보니 짧은 실습을 여러 번 나누어 실시한다 하더라도 실습기업이 달라지거나 같은 기업이라도 연속성이 결여되어 제대로 실무 경험을 하기 어렵다는 문제점(박철우 등, 2014)도 있으며, 기업 채용과의 연계성도 미약하다고 할 수 있습니다.

하지만 중소기업들은 낮은 인지도 때문에 안정적인 인력확보 차원에서 대학과 산학협력을 통해 8주간의 채용연계형 단기현장실습에 참여하기도 합니다.

반면 장기현장실습은 대학과 파트너십을 맺고 있는 단일 기업체에서 5~6개월 기간이나 그 이상 지속 및 반복되는 장기간 실습일 뿐만 아니라, 기업과 대학의 공동 관리 감독하에 전공과 연계되는 업무를 체계적으로 수행하고 피드백을 받는 제도라는 점에서 차이가 있습니다.

2) 인턴십과의 비교

인턴십도 현장실습이라는 개념을 갖고 있지만, 교육기관의 주도적 참여 및 관리의 동반 여부, 그리고 학생의 실습 기간 및 실습 내용과 형식의 구체적 설정 등 운영 방식이 명확하게 사전에 설정되지 않으면 현장실습과 대학 교육의 통합을 지향하는 교육제도로서 역할을 하기 어렵다는 지적이 있습니다.

인턴십의 경우 현장실습 기업체에 대한 선택의 폭이 제한되어 있지 않다는 점이 장기현장실습에 비교하여 장점이라고 할 수도 있지만, 학생 본인의 전공 분야와 인턴십 선호 분야 및 기업체가 일치하지 않을 수 있다는 점에서 학교 교육과의 연계성이 강하다고 보기 어렵다는 지적입니다(Hoskins, 2011; Yin, 2009).
또한 인턴십 경험에 대해 학점을 인정해 주는 경우도 있지만, 실제로 많은 인턴십 참가 학생들이 학점과 관계없이 일하는 것도 대학 주도의 장기현장실습과 다른 점입니다(Sprandel, 2009).

장기현장실습 활동은 교수나 대학 행정 직원에 의해 승인되고 검토를 받게 되며, 전공 분야와 관련된 업무를 수행하기 위해 경력목표에 따라 기업 및 업무에 배치되는 특징이 있다. 또한 장기현장실습 경험은 그들의 이력서상에 예비 직업 경력으로 포함되어 일자리 시장에서 더욱 경쟁력을 얻게 될 수 있다(Sprandel, 2009)는 장점이 있습니다. 급여 지급 측면에서도 장기현장실습은 유급이지만, 인턴십은 유급 또는 무급일 수 있습니다.

미국 대학생들은 장기현장실습과 인턴십을 다른 관점에서 선호하는데, 인턴십은 4년 안에 졸업하기를 원하거나 캠퍼스 생활을 누리면서 현장실습 경험 쌓기를 원하는 경우 선호하고, 장기현장실습은 장기 근무경험을 쌓아 취업 연계성을 더 높이기 위한 목적 외에 경제적 측면에서 선호하는 경우도 있다고 합니다(이종호 등, 2015).

인턴십 경력 또한 인턴 활동 기업으로의 채용이라는 긍정적 결과로 이어질 수도 있지만, 사전에 잘 준비된 진로 결정 없이 진로 탐색 자체를 위해 개인적으로 선택하고 경험한 일련의 인턴 활동들은 자칫 최종적인 졸업 후의 구직활동과 관련성이 없는 경험들로 남게 될 위험성도 있습니다.

기업 주도로 다양한 형태의 운영이 가능한 인턴십의 현장실습 기간을 일반화하여 정리하기는 어렵지만, 미국의 경우 한 기업에서의 인턴십 활동은 흔히 한 학기 혹은 방학 기간 몇 개월 등의 짧은 기간에 이루어지며(Sprandel, 2009; Ryder, 1987), 3개월 이상 지속되는 경우는 흔치 않은 것으로 보고되고 있는 반면(Hoskins, 2011), 장기현장실습의 경우는 5~6개월 이상 지속된다는 차이점이 있습니다.

또한 인턴십의 경우도 단기현장실습과 마찬가지로 현장실습기간이 짧아 직무에 대한 이해가 부족하게 되면서 효과적인 현장 실무학습이 이루어지기 어려운 한계를 안고 있습니다. 이러한 과정에서 기업들이 종종 인턴들을 하찮은 일을 하는 값싼 노동력으로 여기는 경향도 있는 것으로 지적되고 있습니다(Krohn, 1986). 또한 기업, 대학, 학생 세 주체가 인턴십에 대해 서로 다른 견해를 가지고 있는 경우 인턴십 프로그램의 품질이 저하되어 학생들의 만족도가 낮게 나타난다고 합니다(Thiel & Hartley, 1997)

우리나라에서 과거의 연구조사 결과에 의하면, 인턴십 참가자들은 인턴십에서 경험하는 업무가 단순 업무나 영업 지원 업무 등 전공과 무관한 업무 활동에 치우쳐 직무 지향적 욕구를 만족시켜주지 못한다는 불만을 제기하면서, 인턴십을 최종적인 취업 실패 시 감당해야 할 개인적 부담이 큰 위험한 제도로 인식하고 있는 것으로 조사되고 있습니다(김향아, 2013). 또한 기업들이 인턴십 참여자들에게 구체적인 업무를 주지 않거나 오리엔테이션이나 인턴십 매뉴얼 등을 갖추지 못하고, 업무 관련 멘토 및 상사에 의한 지원을 제공하지 못한다는 등의 이유로 많은 인턴 참여자들이 체계적인 현장실습을 경험하지 못하는 것으로 보고되기도 합니다(최애경(2010).

인턴십은 자유시장 원리에 의해 잠재적 구직자인 대학생과 고용자인 기업체 사이에 개별적 매칭을 시도하는 대학생과 기업체 모두에게 불확실성과 위험을 부담하게 한다는 한계가 있습니다.

또한 장기현장실습에 비해 실습 기간이 제한된다는 점, 실습 내용이 단순 잡무에 그칠 가능성이 있다는 점, 실습 내용과 전공 학습 내용의 연관성이 보장되지 않는다는 점 등의 한계로 인해 현장실습의 효과성을 거두기 어렵다는 지적이 있습니다.

그러나 최근에는 공채가 대폭 축소되고 수시채용이 크게 확대되면서 '채용형 인턴'을 실시하는 대기업 및 공공기관도 늘어나는 추세입니다.
단기현장실습 및 인턴십을 장기현장실습과 비교해 보면 〈표 6〉과 같습니다.

〈표 6〉 현장실습제도의 유형별 비교

구 분	단기현장실습	장기현장실습	인턴십(Internship)
현장실습 기간	4주(단순 교과과정)	한국은 5~6개월 및 복수기간 (외국 대학 2학기 이상, 최대 6회까지)	수 개월 이내로 다양
현장실습 기업	한 기업	복수 기업 (한국은 대부분 한 기업)	한 기업(복수 가능)
참여 학생	전체 학년	3~4학년 중심	4학년 및 졸업생
현장실습 시기	방학 중	학기 중	방학 중 또는 학기 중
전공 관련성 (실제 업무)	관련성 있음 (전공 및 단순 작업 중심)	관련성 필수 (전공 심화 학습)	관련성 불투명 (전공 및 비전공 실습)
일 경험과 학업의 통합	통합 불투명 (기간 짧고 단순업무)	통합 지향	통합 불투명 (비전공 업무 수행의 경우)
제도 참여 주도 주체 (참여경로)	대학 주도 및 개인 주도(지인 등)	대학, 기업, 학생 3자간 공동 주도	시장에 의한 기업주도 (대학주도, 개인주도, 공동주도 가능)
평가 (피드백)	구체적 피드백보다는 단순 학점 부여	대학, 기업, 학생 3자간 공동 참여	기업 중심으로 이루어짐
채용관련성	채용 관련성 약함	채용관련성 및 고용가능성 강함[10]	채용연계 50% 내외 (한국)
채용시 사전검증	사전 검증 시 기초자료	사전 검증 명확	사전 검증 가능
만족도	학생, 기업 만족도 모두 낮은 편	대학, 기업, 학생 만족도 높음 채용 시 현실적 직무소개 (Realistic Job Preview)가능	제도 운영이 체계적이지 않을 경우 학생, 기업 만족도 낮음

*출처: Ryder(1987), Yin(2009), Sprandel(2009), Hoskins(2011), Thiel & Hartley(1997), 김향아(2013), 나명엽(2012), 최애경(2010), 윤명희·김진화·김현희·박성실(2006), 이경미·홍아정(2011), 김미영(2013), 정범구·이재근(2003), 이종구·김병기(2008), 정호준(2010)을 바탕으로 저자 종합 재정리.

10) 외국에서는 장기현장실습 학생을 정식 직원으로 채용하는 경우가 많고, 한국에서도 채용연계형(장기현장실습 후 평가를 거쳐 채용을 하는 유형)의 경우 채용 가능성이 높으며, 채용연계형이 아니더라도 인재 사전 검증을 통해 기업에서 채용하는 경우가 발생함. 또한 한 기업에서 장기현장실습을 수행한 경험을 통한 전공능력 강화 및 경력목표 명확화로 관련분야 타 기업으로의 고용가능성(employability)이 높아진다.

3) 기업 인력 채용 측면에서의 비교

기업주도의 채용제도 측면에서 인턴십은 노동시장에서 대기업에 비해 중소기업이 갖는 낮은 매력도, 인턴십 운영을 위한 중소기업의 자원과 역량의 한계, 인턴십 참여 학생들 가운데 진로 모색의 기회를 얻지 못한 학생들이 갖는 실패의 위험 부담 등으로 인해 중소기업의 효과적인 채용제도로서 한계가 있다고 할 수 있습니다.

반면에 대학생·대학·협력 기업체 간 파트너십을 기반으로 운영되는 장기현장실습은 학교(교수 및 장기현장실습 전문가)의 지원과 체계적인 프로그램 하에 학생들을 기업체에 파견하여 학교에서 배운 전공이론을 강화하고 실제 경험을 통해 새로운 학습을 하게 만드는 구조화된 교육 프로그램이자 기업들이 대학과 협력하여 우수한 인력을 확보할 수 있게 하는 채용 프로그램이라는 점에서, 시장원리에 입각한 인턴십 제도의 한계점을 극복하는 특성을 갖습니다.

단기현장실습제도와 인턴십, 장기현장실습제도 모두'현장실습'제도라는 공통된 개념을 갖고 있지만, 현장실습 기간과 참여기업, 현장실습 시기, 전공 관련성, 일 경험과 학업의 통합, 제도 참여주체, 평가 피드백 등 여러 가지 측면에서 차이점이 존재합니다.

첫째, 전공 관련성 측면에서 장기현장실습제도는 전공과 관련된 일이나 프로젝트를 수행하는 반면 단기현장실습은 전공 관련성은 있으나, 기간이 짧아 형식적인 현장실습으로 진행될 가능성이 커 실습 효과가 미미할 수 있습니다. 인턴십 역시 학교기관의 매칭 또는 개인적인 선호도에 따라 전공 관련 실습을 할 수 있지만, 그렇지 않은 경우가 발생할 수 있습니다.

둘째, 제도 참여주체입니다. 장기현장실습은 학생, 대학, 기업 3자의 파트너십에 의해 체계적으로 운영되고 관리되는 반면, 단기현장실습과 인턴십은 운영 및 관리가 부분적으로는 체계적일 수 있지만 장기현장실습제도에 비해서는 취약합니다. 현장실습에 대한 평가 피드백도 장기현장실습은 대학과 기업 모두로부터 받음에 따라, 결과적으로 참여 학생의 일을 통한 학습능력이 강화될 수 있으나, 단기현장실습과 인턴십은 단순히 학점만 부여하는 데 그치거나 피드백이 없는 경우 학생의 실무역량 향상 효과가 미미하게 됩니다.

셋째, 채용관련성입니다. 장기현장실습제도는 대학과 파트너십을 맺은 기업체와 학생이 인터뷰를 하고 그에 따라 실습을 하게 됩니다. 따라서 전공능력 향상과 더불어 조직에 대한 적응력 및 이해도가 높아 취업에 필요한 역량을 배양하게 되며, 특히 고학년의 경우는 채용을 염두에 둔 상태에서 매칭되기 때문에 기업에 대한 탐색을 통해 진로를 결정할 수 있고, 기업 입장에서도 장기간 학생의 태도와 정서, 업무수행 능력 등을 검증하기 때문에 상호 의견이 일치된다면 채용이 성사될 가능성이 높습니다.

반면에 단기현장실습은 채용과의 관련성이 약하며 인턴십은 채용관련성은 있지만, 과거에는 주로 대기업의 인력채용 제도로써만 활용되고 채용이 성사되는 비율도 30~50%에 불과하며, 중소기업에서의 활용도는 상대적으로 낮다는 한계가 있습니다.

종합해 보면, 장기현장실습제도는 타 현장실습제도와 비교해 현장실습 본래의 취지를 상대적으로 잘 달성하고 중소기업 및 제도 참여기업의 인력 채용측면에서도 실효성이 높은 프로그램이라고 할 수 있습니다.

 채용 트렌드 변화와 대학생 일 경험

1) 기업 인력 채용 트렌드

우리나라 기업의 채용제은 공채에서 계열사별 공채, 수시 및 인턴, 상시채용 및 언텍트 채용 등의 흐름으로 변모하고 있습니다.

〈그림 7〉 채용의 변화

채용의 변화

	1980년대	1990년대	2000년대	2010년대	최근
시대적 상황	· 국내외 경기침체 가속화로 대졸신입 취업환경 악화되는 시기 · 본격적 대기업 출현	· 산업구조 고도화로 다양한 경영관리 기법 및 인사제도 도입	· 학벌중심 채용을 다소 탈피하고 능력위주 인사관리 전략을 시행 · 경영혁신의 시기	· 대기업을 중심으로 채용규모가 본격적으로 축소	· 4차 산업혁명에 따른 산업질서의 대대적 변화 · 저성장 고착화에 따른 고효율 중시 · 팬데믹에 따른 뉴노멀
인재상	· 대인관계 및 팀워크 중시하는 리더형 인재 · 다기능인재상 (제너럴리스트)	· 기술·정보화 사회 주도하는 두뇌형 인재 · 국제감각 중시 및 창조적 인재상	· 변화주도 하는 개방형 인재상 · 국제화 마인드를 강조하는 글로벌형 인재상	· 혁신적 사고 및 전문지식 소유자 · 기업가 정신 요구	· 민첩하고 빠르게 변화에 적응하는 창의성과 혁신적 마인드 중시 · 디지털·메타·인간 기술 · 脫스펙 化
채용 형태	· 그룹일괄공채 (상·하반기)	· 그룹공채 및 계열사별 공채 병행	· 그룹공채 및 계열사별 공채 · 인턴채용, 소규모, 수시, 개별채용	· 공채·수시·개별, 산학, 계약학과 인턴채용 등 다양화	· 일부 그룹 공채폐지 및 상시채용 전환 · 채용채널 다양화 심화 · 언택트 채용
선발관점	스펙중심			탈스펙/스펙초월	

*출처 : 조준영(2021), 최근 채용 이슈로 보는 제도개선 및 실무 적용 포인트, 한국인사관리협회 주관 국내기업 채용사례 발표회.

1980년대에는 본격적으로 대기업이 출현하는 시기로서, 그룹에서는 일괄적으로 공채를 통해서 신입사원을 채용하는 방식이 주를 이루었으나, 1990년대 들어서는 산업구조 고도화로 다양한 경영관리 기법 및 인사제도가 도입됨에 따라 그룹공채와 계열사별 공채를 병행하는 양상이 되었습니다. 2000년대에 들어서는 학벌 중심 채용을 다소 탈피하고 능력 위주의 인사관리 전략을 시행함에 따라 기존 공채 방식과 더불어 인턴 채용, 소규모, 수시, 개별 채용 등으로 변화하였고, 2010년대는 공채, 수시, 개별, 산학, 계약학과, 인턴채용 등으로 다양화되었습니다.

최근에는 그룹 공채가 급속히 폐지되면서 상시채용으로 전환되고 채용 채널의 다양화가 심화 및 코로나19 상황에 따른 언택트 채용이 주를 이루고 있는 추세입니다(조준영, 2021).

정기 공채는 사람을 먼저 뽑고 나중에 직무를 배치하는 방식이라면, 수시채용은 필요한 직무에 맞는 우수 인재를 필요한 시점에 필요한 만큼 뽑을 수 있고 채용 비용도 적게 드는 장점이 있습니다.(윤영돈, 2020)

수시채용 확대는 급변하는 기업 내에서는 경영환경에 따른 사업 수행과 직무 변화로 인재 수요의 다양성 반영, 그룹 인사조직의 채용 권한과 책임을 현업 부문으로 위양한다는 의미를 띄며 이는 취업 준비 생들에게는 상세한 직무역량 제시로 취준생에게 예측 가능한 정보 제공, 불필요한 스펙보다는 2~3학년 때 미리 전문분야를 설정하고 인턴 경험 축적 필요성 등을 시사한다고 할 수 있습니다.

정기 공채와 수시채용을 비교해보면 정기공채는 범용형 인재를 선발하는데 적합하고, 수시 및 상시채용은 직무형 인재를 선발하는 데 적합하다 할 수 있습니다. 채용 시 평가기준의 변화를 살펴보면 과거에는 스펙중심의 채용이었다면 현재는 NCS, 즉 국가직무능력표준에 의한 직무역량 기반 채용과 블라인드 채용제도가 확대되고 있습니다.

〈표 7〉 정기공채와 수시채용의 비교

구분	정기공채	수시채용
시기	• 연 2회(상반기, 하반기 각 1회)	• 수시로 진행
규모	• 연간 채용규모 확실	• 채용규모 불확실
방식	• 서류 – 인적성 검사 – 면접	• 서류 – 면접(과제, 인적성검사 필요시)
장점	• 짧은 시간에 대규모 인력 채용 가능 • 조직 충성도 높음 • 유연한 인력운용 가능(직무이동 가능)	• 필요로 하는 우수 인재 채용 유리 • 필요한 시점에 필요한 만큼 영업 가능 • 채용 비용 낮음
단점	• 직무 적응력 및 전문성 낮음 • 경쟁률이 높아 과도한 채용비용 발생 • 우수 인재의 상시 확보가 어려움 • 불필요한 스펙 쌓기 유발	• 조직 충성도 낮음 • 대규모 인력 채용이 어려움 • 유연한 인력 운용이 어려움 • 주기적으로 채용 일정 확인 필요

*출처 : 윤영돈(2019). 채용트렌드 2020', 비전코리아.

스펙중심 채용은 직무분야에 대한 구체적 설명이나 요구수준에 대한 기준 없이 획일화된 입사지원서 항목을 요구하는 형태이지만, 직무중심 채용은 기업이 직무별로 원하는 요건을 제시, 지원자가 자신의 준비 정보를 검증하면 되기 때문에 능력과 역량을 계획적으로 개발하면 채용 가능성이 높아지는 장점이 있습니다.

〈표 8〉 범용형 인재와 직무형 인재 비교

구분	범용형 인재(공채)	직무형 인재(수시, 상시채용)
슬로건	• 사람을 먼저 뽑는다	• 일에 맞는 사람을 뽑는다
인재상	• 성실, 근면, 조직 충성심	• 변화 적응, 실천력, 도전정신
채용기준	• 기초수행 능력, 인성, 태도	• 직무수행능력, 전문지식
장점	• 대규모 채용 가능 • 한꺼번에 교육 운영 가능 • 제도 실행의 편리성	• 소규모 채용 가능 • 성과 중심의 조직문화 • 성과에 따른 합리적 임금 차별화
단점	• 무임승차 가능 • 전문 기술인력 확보 어려움 • 비효율적 조직 및 인력 운영	• 인력 운영의 편리성 저하 가능 • 변화하는 직무에 따른 관리가 어려움 • 직무에 따른 임금 평가 갈등

*출처 : 윤영돈(2019). 채용트렌드 2020', 비전코리아.

〈그림 8〉 채용관점(평가기준)의 변화

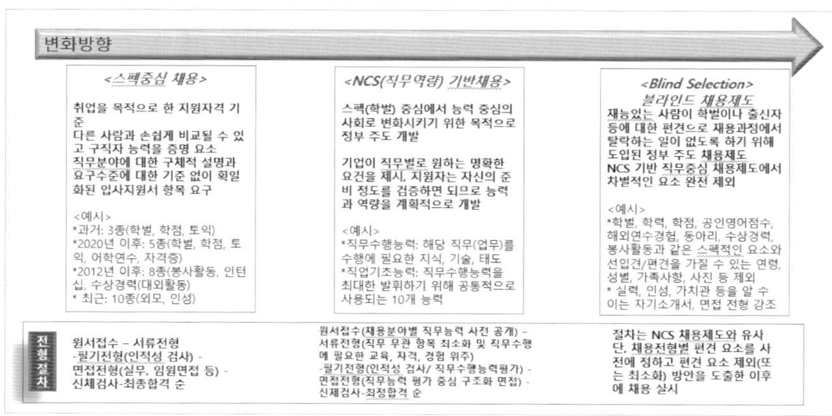

*출처 : 이종찬·이종구(2018). 한국 채용제도의 변천과정과 시기별 특징 비교분석 연구. 경영사연구.

2) 인력 채용 시 평가 요소

국내 기업들은 신입사원 채용 시 직무 관련 경험을 가장 우선적인 요소로 꼽고 있습니다.

채용전문기관인 '잡코리아'의 설문조사(채용담당자 582명, 기업 584개)에 따르면, 신입사원 이력서에서 가장 중요한 항목으로 '직무 관련 경험'(43.8%)을 꼽았으며, '지원직무 분야'(15.5%), '보유 기술 및 교육 이수'(6.9%), '보유 자격증'(6.5%), '전공/학점'(4.5%) 순이었습니다.

'사람인'의 설문조사(기업 263개)에서도 이력서에서 가장 중요한 평가항목으로 '직무 관련 경험'(48.3%)을, 자기소개서에서 가장 중요한 평가항목에서도 '직무 관련 경험'(51%)을 꼽았으며, 전형별 평가요소에서도 비슷하게 실무 경험(48.6%)과 직무수행 능력(43.9%)을 가장 중요하게 꼽았습니다.

〈그림 9〉 기업인력 채용평가 관련 내용

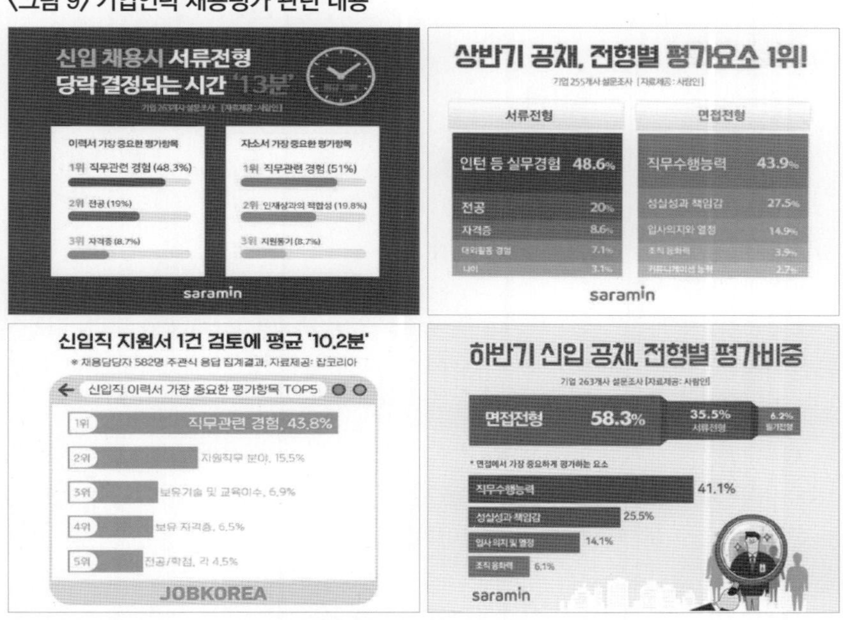

*출처: 이병철, 2020. 11. 18, "대기업의 채용실태를 살핀다-토론문", 교육의 봄 포럼.

전형별 평가 비중은 '면접 전형'이 58.3%로 가장 높았고, 이어 '서류 전형'이 35.5%, '필기 전형'이 6.2% 순이었는데, 면접에서 가장 중요하게 평가하는 요소는 직무수행 능력(41.1%)이었습니다.

또 다른 '사람인'의 설문조사(기업 584개)에 따르면, 기업 인사담당자들은 신입사원 채용 면접에서 '성실함과 책임감'(44.1%)을 가장 중요한 평가항목으로 꼽았으며, 다음으로는 '직무수행 능력'(30.7%), '조직 적응 및 융화력'(6.6%), '열정 및 도전정신'(5.6%)의 순이었습니다.

면접 당락을 좌우하는 요소로는 '직무 적합 여부'가 48.4%로 가장 높았고, 이어 '도덕성, 성실함 등 인성' 16%, '조직 적응력 등 사회성' 10.6% 순으로 나타났습니다.

〈그림 10〉 신입사원 채용 면접 평가항목

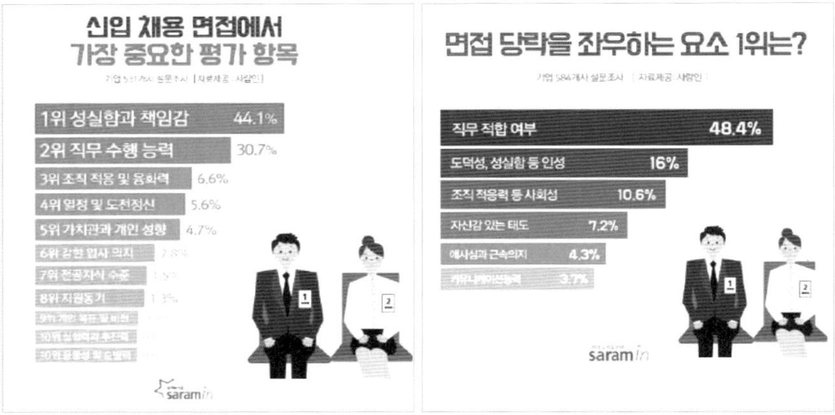

*출처: 이병철, 2020. 11. 18, "대기업의 채용실태를 살핀다-토론문", 교육의 봄 포럼.

한국고용정보원이 업종별 대기업 및 중소기업의 채용공고 및 채용 관련 정보가 확인 가능한 온라인 웹사이트 등 공고문 2천여 개 표본 및 인터뷰 분석을 한 자료도 중요한 시사점을 주고 있습니다.

대기업은 자기소개서 주요 평가 내용으로 '관련 직무 경험'을 1순위로 꼽았으며, 중소기업 역시 '지원 동기, 입사 후 포부'에 이어 '직무 관련 경험'을 2순위로 꼽았습니다.

〈그림 11〉 국내 기업의 신입사원 자기소개서 주요 평가 내용

		작성 항목(중요도 순, [ ]는 동일 순위)
대기업	1	관련 직무경험, [지원동기, 성격상 장단점]
	2	[성장과정/가치관, 도전정신, 정직성, 지원동기/입사 후 포부]
	3	입사 후 포부, 입사지원동기, 성장배경
	4	[자기소개, 성장과정, 성격]
	5	[자기의 경험과 장점을 직무에 어떻게 활용할 수 있는지, 자기 자신에 대한 표현 3가지, 지원동기]
중기업	1	[입사 후 포부, 지원동기] [성장배경, 학창시절]
	2	[직무 관련 경험, 성격]
	3	[경험 및 경력사항, 성격 장단점]
	4	열정, 성격
	5	[경력 및 자기개발 능력 위주, 봉사활동, 성장배경]
	6	[경력목표, 성장배경, 업무 관련 전문성]
	7	지원동기 및 장래 비전, 성격과 장단점, [성장과정, 사회활동 (아르바이트, 봉사활동 및 인생에 있어 중요한 경험 등)]
	8	입사동기와 포부, 성격의 장단점, 성장과정
	9	지원동기, [지원분야 관련 전문성, 지원분야 관련 경험/경력사항]
	10	지원동기 및 입사 후 포부, [성장과정, 학교생활 및 주요 활동]

*출처: 이요행, "업종별 채용동향과 청년 취업준비 실태', 2020.11.11, 교육의 봄 포럼.

서류 전형의 합격 요인에서도 대기업은 '관련 경험과 경험을 통해 어떻게 배웠고 성장했는가를 잘 서술함'을 1순위로, 중소기업은 '해당 분야와 유사한 경력/전공, 자격증'을 1순위로 꼽았습니다.

〈그림 12〉 국내 기업의 신입사원 서류전형의 합격/불합격 요인

	합격요인	불합격요인
대기업	- 관련 경험과 경험을 통해 어떻게 배웠고 성장했는가를 잘 서술함 - 지원동기가 분명함 - 해당 직무를 학생 때부터 꿈꾸고 준비했나 - 긍정적인 태도, 진취적인 태도 - 도전의식과 꿈과 목적이 분명할 것 - 자기소개서에 꾸밈없이 자신을 표현(진실성) - 학교 성적, 어학성적, 경험과 경력(성실함)	- 과장된 내용, 허위사실, 질문과 관련 없는 답변 내용, copy & paste 한 듯한 자기소개서 - 마구잡이 지원 (우리회사나 지원 업무 관련 내용 없음) - 사회경험(아르바이트, 봉사)이 없는 것 - 잦은 이직, 이직 사이 공백 기간이 큼 - 기본 요구 능력에 비해 낮은 스펙 - 학교생활 말고는 경험이나 특색이 없음
중기업	- 해당분야와 유사한 경력/전공, 자격증 - 직무 적합성, 직무 경험과 이해도 - 자기소개서 성의 있게 작성 - 자신의 경험을 잘 설명 - 입사동기 및 비전을 명확하게 제시 -업무에 대한 절실함, 자차보유	- 소극적 태도(적극성 결여) - 잦은 이직 -직무 이해도 부족 - 어두워 보이는 성격 - 취업준비가 안 돼있음 (일을 하려는 태도나 열의가 안보임) - 자기소개서에 내용 없음/미사여구로 포장

*출처: 이요행, "업종별 채용동향과 청년 취업준비 실태', 2020.11.11, 교육의 봄 포럼.

선발기준 대비 지원자들의 부족한 점으로는 대기업은 '어떤 직무를 하고 싶은지 결정하지 않음'을, 중소기업은 '장기근무 열정 부족'을 각각 1순위로 꼽았습니다.

〈그림 13〉 선발기준 대비 지원자들의 부족한 점

대기업	- 어떤 직무를 하고 싶은지 결정하지 않음 - 이 회사 아니면 저 회사에 가면 그만이라는 생각 - 급여 및 복지수준 높은 기대 - 시대에 따라 조금씩 다름. 과거에는 외국어 부분이었다면 근래의 신입사원들은 자기 중심적인 경향이 있어서 단합과 융합적인 부문에선 아쉬움
중기업	- 장기근무 열정 부족 - 기초지식, 의지, 열정 부족, 취업 준비가 안되어 있다 - 스펙만 화려하고 팀워크 및 업무이해력 결여 - 본인에 대한 자만심만 높음 - 의지 부족, 기술영업직에 도전하는 신입사원들이 많지 않음 - 새로운 시장을 스스로 개척해 보겠다는 도전정신 부족 - 지원부서에 대한 이해 수준이 낮으며 막연하게 지원하는 경우가 많음 - 직무능력 부족, 이 회사 취업 안해도 다른 곳에 갈 수 있다고 생각해서 간절함이 없음

*출처: 이요행, "업종별 채용동향과 청년 취업준비 실태', 2020.11.11, 교육의 봄 포럼.

〈그림 14〉 취준생의 취업에 자신이 없는 이유

취준생의 취업에 자신없는 이유 - 전공, 자격, 실습

- 전공지식의 부족과 직무 경험 전무
- 부족한 스펙, 수도권 대학생들보다 스펙이 낮음
- 실습 경험이 없기 때문
- 인턴 경험이 없어서
- 외국어 능력 부족
- 관련 자격증이 없음
- 취업을 하자마자 회사에서 요구하는 것들을 실행할 수 있을지에 대한 두려움
- 전문적인 지식은 아직 부족하기 때문
- 능력이 부족해서
- 학교에서 배우는 이론과 실전은 다르다고 들어서
- 연구소 취업에는 석사이상 학위가 필요하기 때문
- 학생 때 배운 지식으로 취업하기에는 진출할 수 있는 분야가 너무 넓어서 더 깊은 공부가 필요할 것으로 생각되기 때문

*출처: 이요행, "업종별 채용동향과 청년 취업준비 실태', 2020.11.11, 교육의 봄 포럼.

3) 대학생 일 경험 및 중소기업의 중요성

(1) 직무 및 일 경험의 중요성

기업은 실무에 바로 투입되어 성과(Performance)를 낼 수 있는 우수 인력 채용을 통해 인력 채용 비용, 교육훈련 비용을 절감하려 하며, 특히 중소기업은 역량이 우수할 뿐 아니라 인력 수급이 원활치 않음에 따라 장기근속이 가능한 인력을 희망하고 있습니다.

하지만 여전히 기업의 신규 인력에 대한 기대감과 대학생들의 기업 취업에 대한 준비성 간의 갭이 큰 상황이며, 이는 대학교육 커리큘럼이 변화하는 기업의 인력 수요에 대한 니즈를 충분히 충족하지 못하고 있기 때문으로 보입니다.

인턴십 및 현장실습은 실제 업무 현장에서 직접 실무에 참여하는 학습 프로그램으로써 취업을 목적으로 하는 학생들에게 직장 분위기, 직무 유형, 임금수준, 근로조건 등을 미리 제공해줄 뿐 아니라, 자신의 적성과 능력에 맞는지 여부를 알아볼 수 있는 기회를 제공하며, 기업에는 인력 채용 시 노동자의 기술과 능력에 대한 불확실성을 해결하는 중요한 기능을 하며, 인력 부족 시 필요인력을 우선 확보할 수 있는 장점이 있습니다(한지영·방재현, 2018).

대학생의 진로 선택이나 직무의 선택, 진로 결정은 한 번으로 해결되는 것이 아니라 대학을 다니는 동안, 자신의 적성과 흥미, 주위 환경 등을 면밀히 검토하고, 자신에게 필요한 교육훈련을 받으며 직업을 획득하기 위한 준비를 해야 합니다(김지영, 2015).

인턴십 제도는 구직자 입장인 학생에게 교실에서 배운 이론을 현장에서 적용할 기회와 이력서를 보완할 업무 경험을 제공하며 초기 경력 적응에 도움이 됩니다. 기업은 한시적 근무지원과 학생들의 경험을 제공 받고 미래 우수 인재를 선별하는 장치로도 활용 가능(최수빈·지형주·김상준, 2018)합니다.

재학 중 일 경험은 사회 구성원으로 진출하기 위한 사전 준비단계, 다가올 미래에 대해 성공적인 경력을 쌓기 위한 과정인 직업탐색 행동(이윤경·양기종· 유재연,

2020)으로서, 직업을 갖기 위한 준비과정과 직업 세계에 성공적인 진입 후 발생하는 여러 상황에 잘 적응해 내기 위해 노력하는 인지적, 실행적 개념의 활동입니다(Linnechan & Blau, 1998).

이에 따라 대졸자 등 청년들이 취업 성공률을 높이기 위해서는 인턴십, 현장실습 등에 더욱 적극적으로 참여할 필요성이 있으며, 희망 업종과 직무 목표를 조기에 설정하는 것이 바람직합니다.

대학 등 교육기관에서는 학생들이 재학 중 직무 경험을 쌓을 수 있도록 현장실습 및 인턴 등 다양한 직무체험의 기회를 제공하는 데 노력해야 합니다.

한편, 취업포털 인쿠르트가 인사담당자를 포함한 973명을 대상으로 '대학 교육에 대한 기업 현직자의 생각'을 주제로 한 설문조사 결과 10명 중 8명은 "대학 교육이 현장에서 적용할 수 있는 실무중심으로 바뀌어야 한다"고 응답한 것으로 나타났습니다[11].

〈그림 15〉

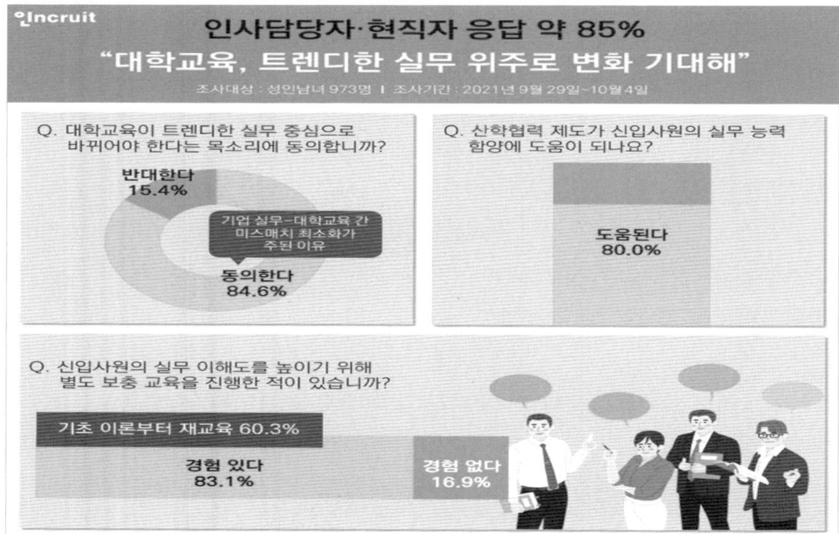

*출처: 뉴시스(2021.10.7.) 보도기사 캡쳐

11) 뉴시스(2021.10.7.)
https://newsis.com/view/?id=NISX20211006_0001604494&cID=13001&pID=13000

또 산학협력제도가 신입사원의 실무능력 함양에 도움이 되는지 여부에 대해서는 80.0%가 도움이 된다고 밝혔고, 산학협력 외에 대학 교육에 필요한 것에 대해서는 ▲진로 탐색 프로그램 확대(60.7%) ▲최신 동향 파악(44.2%) ▲현장실습 및 인턴 연계 프로그램 강화(43.9%) ▲기업 수요에 맞는 학과 개설(19.2%) 등의 순으로 답했습니다.

설문조사에서 보듯이, 기업은 대학 교육이 현장 실무중심으로 바뀌어야 한다고 강조하고 있으며, 현장실습 및 인턴 등 프로그램의 필요성에 대해서도 매우 중요하게 인식하고 있는 점을 발견할 수 있습니다.

그런데 대학생들은 공기업 및 공공기관에 취업하고자 하는 열망이 큰 게 현실입니다. 우리나라 공공기관은 350개에 40만 명이 종사하고 있으며, 지자체 공공기관은 405개에 6만 2천여 명이 종사하고 있으며 연간 신규 인력 채용 규모는 4만 명에 이르는 등 대기업 못지않은 채용 규모를 갖고 있습니다.

청년층들이 공공기관에 몰리는 이유는 공공기관의 인력 채용의 특징 때문으로 볼 수 있습니다. 첫째, 정부의 일자리 정책을 반영한다는 점, 둘째, '2017년 10월부터 도입된 블라인드 채용에 따라 지원기준에서 나이, 학교, 전공, 학점과 관계없이 가능한 지원 등 공정성을 중시한다는 점, 셋째, 직무수행 능력 중심으로 채용한다는 점 등입니다. 다만 기술직 일부는 전공과 자격증을 응시요건으로 제한하고 있습니다.

기타 특징으로는 지역 인재 채용제도(의무채용률 '21년 기준 30%), 지방인재 채용제도('지방대학 및 지역균형인재육성에 관한 법률' 의거 35% 채용 권고), 체험형 인턴제도 활성화('21년 2만 2천 명) 등을 들 수 있습니다.

공공기관은 대기업에 비해 채용공고, 서류 전형, 필기 및 면접 전형 등에서 상대적으로 공정성 및 투명성을 나타내고 있는 점이 특징이라 할 수 있습니다.

〈표 9〉 공공기관과 대기업 채용제도 비교

	채용공고	서류전형	필기전형	면접전형
공공기관	• 전용 사이트 운영 • 채용계획 구체화 공개 (채용규모) 및 세부 자격요건, 각 전형별 평가기준 등 • 직무기술서 공고를 통한 적격성 추구 • 채용 이의제도	• 입사지원서에 직무 관련성 높은 사항만 기재 (직무관련 교육, 경력 경험, 자격증, 외국어) • 조직 및 직무적합도 관점 자기소개서	• 기본 인성 및 조직/ 직무적합도 평가 (직업기초능력: 모든 공공기관에서 3~5개 영역 설정직무별 전문능력 평가: 약 80%가 전공시험 실시 • 합격자 선정: 직업기초, 직무수행 비중 다양	• 2차(1차: 직무주제 발표 면접 및 토론면접/ 2차: 인성, 역량 중심 종합 면접 • 공정성 및 객관성 고려 (블라인드 면접, 외부 면접위원, 구조화된 질문 형태 활용 • NCS 면접 가이드라인 적용
대기업	• 채용일정, 절차중심공고 • 채용규모, 전형별 평가기준 명시 않음 • 직무기술서 활용 미흡	• 학교, 전공, 학점, 입학/ 졸업연도 기재 • 기업마다 다양한 자소서 • 서류전형 평가기준 미흡	• 인성, 적정시험 실시 • 직무수행능력과 직결된 전공시험을 치루는 기업 미흡	• 기업마다 차별적 면접 • 전문성 중시, 면접 종류 등 다양

*출처: 임효근 '공공기관 채용시스템 이해', 교육의 봄 채용포럼 시즌2 종합자료집(2021). 재가공.

2016년부터 2019년까지의 블라인드 채용 결과 분석 자료[12]에 따르면 233개 기업의 출신학교별 채용인원 현황에서 SKY대 비중은 2016년 8.0%→2019년 5.3%로 감소했고, 수도권 소재 대학은 2016년 33.2%→2019년 29.6%로 감소했으며, 비수도권 대학은 2016년 43.7%→2019년 53.1%로 증가했습니다. 이외에도 성비에 있어서 2016년 남성 66%→2019년 61%로 5% 감소, 여성은 2016년 34%→2019년 39%로 5% 증가하는 등 블라인드 채용의 긍정적인 효과가 나타나고 있습니다.

하지만 대학생들이 모두 공공기관에 취업할 수 있는 것은 아니며, 자신의 적성과 흥미를 고려하지 않은 채 무작정 도전하는 것은 바람직하지 않습니다.

(2) 대학생들의 진로 및 취업 지원 요구 사항

한국직업능력개발원이 '고등교육단계의 진로교육 정책 방향과 과제(2017)'에서 실시한 「대학생 요구 조사」 자료는 대학생들의 진로 지원에 대한 열망이 무엇인지를 여실히 보여줍니다.

12) '고용노동부, 공정채용 정책 현장 실태 및 정책 이슈 분석 보고서(2020)'

대학생들은 대학의 진로·취업 지원에 대한 개선점으로 인턴십·채용행사·현장실습 등의 활성화를 가장 많이 꼽았습니다.

〈그림 16〉 진로 관련 프로그램 및 활동에 대한 개선점 *중복응답, 단위(%)

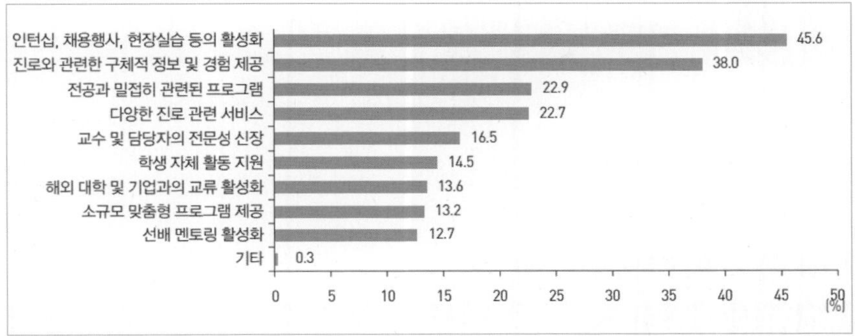

대학생이 생각하는 가장 효과적인 대학의 진로·취업 지원 방안은 산학협력 프로그램 개설이며, 현장실습 형태의 프로그램을 가장 선호하는 것으로 나타났습니다.

〈그림 17〉 대학생이 희망하는 대학의 효과적 지원 방안 *중복응답, 단위(%)

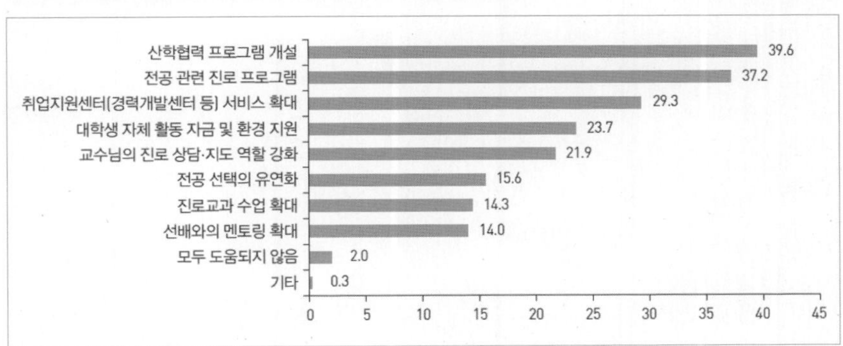

대학생들이 선호하는 프로그램의 형태는 현장실습형(52.3%)이 가장 많고, 그 다음으로 교육형·강의형(13.6%), 프로젝트 중심의 활동(10.8%), 동아리 활동(7.8%), 특강(5.9%) 등의 순으로 나타났습니다.

〈그림 18〉 대학생이 선호하는 진로교육 방식(1순위)

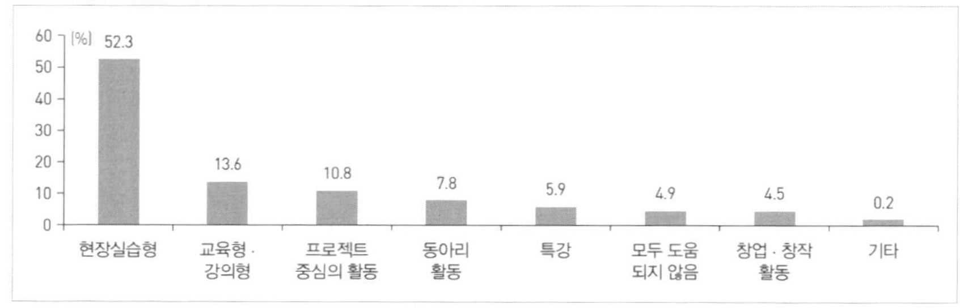

사람인(2019) 기업연구소에 의하면 구직자 65%가 인턴십을 원한다고 밝혔습니다.

〈그림 19〉 구직자 인턴십 참여 의향

구직자 2,096명을 대상으로 '기업 인턴십 참여 의향'에 대해 조사한 결과, 64.9%가 인턴십에 '참여하고 싶다'고 답했으며, 이중 절반(49.6%)은 주요 업무가 아닌 심부름 등 잡무를 담당하는 인턴을 뜻하는 '흙턴'이라도 지원할 의향이 있는 것으로 나타났습니다.

인턴십 참여 경험이 있는 구직자는 16.6%였으며, 인턴십 참여자 중 71.5%가 참여했던 인턴십 경험에 만족하였습니다. 만족 이유로는 '실무를 경험해서'(69%, 복수응답), '사회생활을 미리 경험해서'(37.9%), '자기소개서에 쓸 수 있는 스펙이 생겨서'(32.7%) 등을 들었습니다.

한편, 인턴 지원 시 가장 중요하게 고려할 항목으로는 가장 많은 57.1%가 '정규직 전환 기회'를 꼽았고, 다음으로 '담당 업무'(22.2%), '급여 수준'(9.1%), '기업 네임 밸류'(5%), '유망 업종'(4.1%) 등의 순이었습니다.

(3) 중소기업의 인력 채용의 중요성

대졸자들은 절반 이상이 대기업과 공기업에 취업을 희망하지만, 실제 취업 가능성이 높은 기업은 중견기업이 61.0%, 중소기업이 68.6%인 것으로 조사되고 있습니다(중소기업중앙회, '중소기업 취업 관련 청년층 인식조사', 2020.8).

중소기업은 한국 전체 기업 수의 99%(62만 개)를 차지하고, 전체 고용 인구의 85%를 차지합니다. 중소기업은 신규 직원 채용 시 '인성'(43.4%)을 가장 중요한 요소로 꼽고 다음으로 '장기근속 가능 여부'(36.7%)를 희망하는 점에서 볼 때, 원활한 인력 수급에 어려움을 겪고 있다는 것을 알 수 있습니다(성필석· 김영필· 김양균, 2018).

대졸자들이 중소기업을 기피하는 이유는 연봉, 복리후생 등 열악한 근무환경과, 낮은 인지도, 중소기업에 대한 막연한 부정적 이미지 등 때문으로 분석되고 있습니다.

중소기업의 1년 평균 퇴사율은 30%에 이르며, 54.6%는 '적시에 직원을 채용하지 못해 인력 부족'을 느끼고 있습니다[13].

중소기업의 신입사원 퇴사 이유는 "직무가 적성에 맞지 않아서"(40.1%), "연봉이 낮아서"(33.15), "실제 업무가 생각했던 것과 달라서"(24.4%), "회사에 비전이 없다고 생각해서'(22.1%), "업무 강도가 높아서"(18.6%)로 나타났습니다.

---

13) 잡코리아 2020년 설문조사. 300명 미만 중소기업 388개 사 대상

〈그림 20〉 중소기업의 신입사원 퇴사 이유

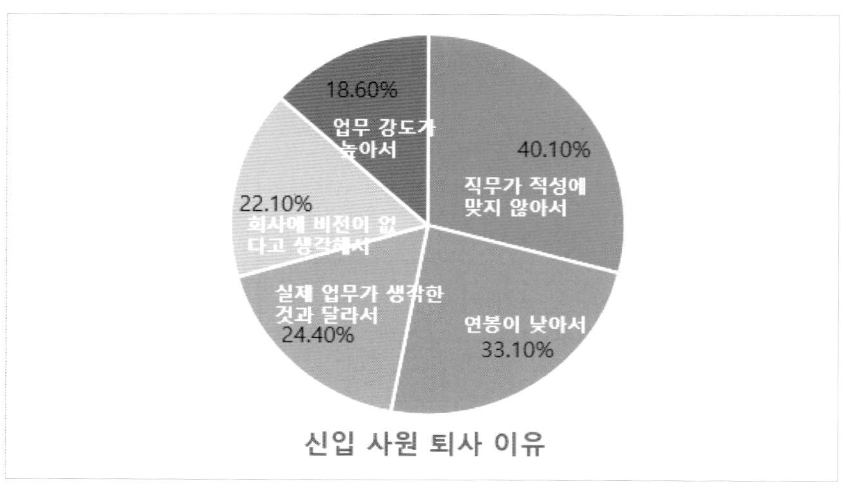

이는 대학생 청년 등 취업 준비생들에게 실제 직무 경험 및 진로 탐색의 기회가 부족하기 때문이며, 취업 전 적성을 미리 탐색하고 전공 및 직무체험을 할 수 있는 프로그램을 적극적으로 마련하여 대학생들에게 제공할 필요가 있습니다.

이러한 노력이 있어야만 대학생들의 중소기업에 대한 인식개선, 재학 중 취업 목표 설정, 중소기업 인력난 해소, 대학 취업률 향상 등의 성과가 나타날 것입니다.

제3장

기업 채용제도로서의 장기현장실습제도

제3장 기업 채용제도로서의 장기현장실습제도

1 장기현장실습제도의 인력채용 효과

1) 인력채용의 효과성

기업들은 적은 비용으로 우수한 인재를 채용하기를 원합니다. 특히 직무몰입과 조직몰입이 강한 인재, 그리고 성과(performance)를 많이 내고, 조직에서 이탈하지 않고 오랜 기간 조직에 머무르는(retention) 인재를 선호하게 마련입니다.

우리나라 기업들의 모집 및 선발은 전통적인 사회문화 속에서 능력보다는 학력과 연고(혈연, 학연, 지연 등) 관계에 지배적인 영향을 받아오면서 선발시스템의 타당도에 의문을 받아왔으나, 조직체의 경쟁력 강화에 기여할 능력 중심의 채용에 대한 관심이 고조되면서 많은 변화를 겪고 있습니다(이학종 등, 2013). 특히 과거와 달리 현대의 HR은 직무의 가치와 역량 및 성과에 기초한 소수의 인원을 수시로 채용하는 추세로 바뀌고 있다는 점이 특징입니다.

채용(recruitment & selection)이란 인적자원을 확보하는 일을 의미합니다. 즉 "응시자 가운데 조직이 필요로 하는 직무에 가장 적합한 자질을 갖추었다고 판단되는 인력을 고용하는 것을 결정하는 과정"(Chruden & Sherman, 1976)입니다. 외부인력 중 모집을 통해 조직의 특정 직무에 적합한 인력을 선발하는 과정인데, 모집과 선발[14]을 포함하며(정범구 등, 2013), 조직이 필요로 하는 최적의 자원을 어떻게 선발하느냐가 중요합니다. 문제는 채용의 효과성입니다.

---

14) 모집은 교육과 경험에 관한 최소한의 자격조건을 갖춘 개인이 지원하도록 하는 과정을, 선발은 응시자 가운데 적합한 인력을 고용할지 여부를 결정하는 과정이다.

채용의 효과성을 나타내는 지표로는 우선 채용 비용이 있습니다. 일반적으로 채용 비용에는 모집공고, 서류 전형, 인성 및 적성검사, 면접시험, 신입사원 오리엔테이션과 같은 직접비용이 들어갑니다. 우리나라의 경우 2010년 기준 대졸 신규 채용자 1인당 직접 채용 비용은 115만 2천 원으로 조사되었습니다(인쿠르트, 2010). 또 채용에 드는 시간적 비용도 고려할 대상입니다. 따라서 소모적 채용 비용을 절감하는 방안이 채용 효과성을 판단하는 기준이 될 수 있습니다. 채용 비용에는 다양한 변수가 있는데, 직무수행에 요구되는 최소한의 자격조건을 갖고 있는 개인에 대한 타당성과 직무에 필요한 인원의 수가 가장 중요한 요소입니다(Richard 등, 1950).

둘째, 교육훈련 비용입니다. 우리나라의 경우 신규 채용자를 쓸 만한 인재로 육성하기 위해 막대한 비용이 드는 것으로 조사되었습니다. 대졸 신입사원 채용 후 실무투입까지 소요되는 재교육기간은 평균 19.5개월이며 비용은 1인당 평균 6,088만원이 든다는 게 경제계의 견해입니다. 따라서 교육훈련 비용을 최소화하려면, 직무수행 능력을 갖춘 인력을 선발하는 것이 바람직할 것입니다.

셋째, 이직률입니다. 이직 의도란 조직을 떠나고자 하는 의도적이고 고의적인 계획을 의미합니다. 즉 현재의 직장을 그만두고 다른 고용관계를 찾고자 하는 생각을 말합니다(Mobley 등, 1978).

이직은 순기능도 있지만 종업원의 잦은 이직은 채용 비용 및 훈련비용의 증가를 초래하고 기업의 생산성 등 성과에 악영향을 주게 됩니다.

특히 중소기업의 경우 대졸 신규 인력 충원이 쉽지 않아 기업경영의 가장 큰 애로로 작용하는 게 현실입니다. 특히 초기 경력자의 이직 문제는 이직자 개인에게는 경력 형성을 가로막는 장애요인이 되며, 고용주에게는 채용과 훈련비용의 부담, 기존 인력의 실망과 직무수행의 불만 야기 등으로 신입 청년층의 고용을 기피하게 하는 등 부정적인 인식을 야기합니다(양희승, 2004).

넷째, 조직몰입입니다. 조직몰입은 구성원들이 자신과 조직 간 일체감을 느끼고 이를 통해 조직에 헌신하고 충성하게 하며, 직무수행 몰입을 통해 성과를 향상시키는 요소입니다. 즉 조직을 위해 기꺼이 헌신하려는 노력, 조직 목표의 내면화, 조직의 일부분으로서 남아 있으려 하는 의도를 말합니다(Dennis W. Organ,

1988). 사회심리학자들은 조직몰입은 종업원의 사기, 노력, 직무만족과 상호 밀접하게 연관돼 있다는 점을 밝혀냈습니다(Richard T. Mowday 등, 1982).

조직몰입 가운데 정서적 몰입(affective commitment)은 기업의 목표와 일체감을 갖고 조직에 최상의 성과를 가져다주려는 욕구를 의미(Meyer 등, 1989)하는데, 이러한 정서적 몰입이 직무성과와 기업 생산성에 밀접한 연관성이 있다고 합니다(Katherine, 2000). 그래서 기업들은 인적자원관리에서 이러한 정서적 몰입을 증대시키려고 노력해야 하는데, 주목할 점은 '일 경험'은 조직몰입, 특히 정서적 몰입에 있어 중요한 변수로 간주되어 왔다고 합니다.

다섯째, 직무만족입니다. 여러 학자들은 직무만족을 "현재의 실제적 성과와 바라는 것(기대하는 것 등)의 비교에서 비롯되는 자신의 일에 대한 정서적(즉, 감정적)인 반응"으로 정의하고 있습니다(Cranny, Smith and Stone, 1992). 또한"자신의 일의 가치를 성취하거나 촉진함으로써 자기가 하는 일을 평가하는 데서 오는 즐거운 감정 상태"(Lock, 1969)를 의미하기도 합니다. 개인이 직무만족을 얻게 되면 높은 성취욕을 느끼고 자기계발 노력을 촉구하며 자기가 일하는 직장에 대한 조직몰입을 하고자 합니다(신유근, 2005).

이외에도 채용 효과성과 관련된 지표로는 입사 초기 성과 평가 등급, 입사 초기 승진율, 급여 인상률 등이 있습니다(최병권, 2006).

그렇다면 이러한 채용의 효과성이 장기현장실습제에서는 어떻게 나타나는지를 외국의 선행연구를 중심으로 알아보도록 하겠습니다.

2) 장기현장실습제도의 효과

장기현장실습제는 인력 채용의 효과성을 높일 수 있는 효과적인 제도입니다. 허체슨(Hutcheson, 1996)은 장기현장실습제도가 고용주들에게 잘 훈련된 종업원 인력풀을 제공해주고, 풀타임 인력을 사전에 검증함으로써 선발 과정의 효과성을 증진시킨다고 했습니다. 또한 채용과 교육훈련의 효과성을 증대시키고, 장기현장실습에 처음 참여했던 학생들을 풀타임 종업원으로 유지하는 비율을 향상시킨다고 밝혔습니다.

또한 장기현장실습제에 참여하는 고용주의 주요한 편익은 그들이 요구하는 인지적이고, 개인적이고, 직무에 특화된 스킬을 정확하게 제공하는 훈련 프로그램을 통해 '자신들 종업원을 육성시킬'능력을 갖게 해준다(Grub 등, 1995)는 것입니다.

외국 연구자들은 장기현장실습을 통해 고용주들이 다음과 같은 편익을 얻는다고 입을 모읍니다.

첫째, 재능 있는 인력풀을 활용할 수 있습니다. 기업은 잘 훈련되고 동기부여가 높은 학생 종업원을 활용할 수 있습니다. 학생들은 단순한 훈련생이 아니라 6개월~12개월 동안 일터에서 실제 업무를 하기 때문입니다.

둘째, 근무지에 활력을 불어넣을 수 있습니다. 학생들은 기업의 성수기 및 일상적인 기간 동안 과업을 수행함으로써 숙련된 정규 직원이 될 수 있다는 기대감을 갖습니다. 또한 자신이 일하는 곳에서 열정을 갖고 일함으로써 신선하고 새로운 관점 제공 등 기업에 도움이 되는 에너지를 불어넣는 역할을 합니다.

셋째, 잠재력 있는 종업원을 검증할 수 있습니다. 고용주들은 잠재력 있는 미래 종업원을 평가하는 효과적인 수단으로서 장기현장실습을 활용할 수 있습니다. 장기현장실습 졸업생이 정규 직원으로 고용된다면 교육훈련 기간은 현격히 줄어들게 됩니다.

넷째, 회사의 홍보가 가능합니다. 학생들이 장기현장실습을 마치고 다시 학교로 돌아가면, 그들은 자신의 경험(업무, 근무환경, 보람 등)을 동료들과 공유하고 전달함으로써, 다른 학생들에게 그 기업에 관한 관심을 불러일으킬 수 있기 때문입니다. 실제 경험의 구전은 기업에 가장 효과적인 '홍보' 수단이 될 수 있습니다.

다섯째, 채용 비용을 줄일 수 있습니다. 고용주들은 장기현장실습 학생을 정규 직원으로 채용하기 전 잠재력 있는 종업원인지 아닌지를 평가할 수 있으며, 이들을 채용하게 된다면 신입 직원 채용 비용을 크게 줄일 수 있습니다.

공채 등을 하려면 모집공고를 내고, 지원서를 낸 많은 인력을 검증하기 위해 면접 도구를 개발하고 일일이 면접을 보고 심사하고 선발해야 하는데 이러한 시간적·경제적 비용을 줄이는 이점이 있는 것입니다.

3) 선진국에서 검증된 인력채용 효과

이미 60~110여 년 전부터 장기현장실습제가 도입된 미국과 캐나다의 경우, 장기현장실습제도의 채용 효과에 관한 연구들은 이 제도가 잠재적 구인자들에게 기업 이미지를 개선시키는 데 효과적이며, 채용 관련 운영비용을 절감할 수 있게 하고, 더욱 역동적인 작업환경을 구축하며, 경력자 인재풀을 만들어 줄 수 있고, 동기부여 된 새 종업원을 고용하는 데 효과적이라는 점을 밝혔습니다(Hurd & Hendy, 1997 등).

브라운(Brown, 1987)은 고용주들이 장기현장실습에 참여하는 이유는 실습을 통해 훈련되고 검증된 성숙하고 신중한 학생들을 종업원으로 확보하려 하기 때문이라고 주장했습니다.

포드(Ford, 2011)는 장기현장실습 참여 실습생이 제공하는 양질의 업무성과로 인해 실습 운영비용이 상쇄되고, 또한 실습생들을 정규직 종업원으로 고용함으로써 기업의 인력 채용과 교육훈련에 드는 시간과 비용이 절감된다고 강조했습니다.

특히 이러한 장기현장실습의 효과는 소기업과 중견기업에서 더욱 두드러진다고 하는데, 중소기업에서는 대기업보다 학생들에게 훨씬 더 많은 책임감과 문제를 해결할 기회, 높은 지위의 관리자와 함께 일할 기회를 제공하고 조직의 다양한 기능을 관찰할 수 있게 함으로써, 그들의 활동이 조직의 목표 달성에 직접적인 영향을 주는 역할을 하게 하며, 고용주들은 잠재력 있는 정규 종업원으로서 누가 적합한지를 평가할 수 있기 때문(Case & Hoy, 1981)이라고 합니다.

브라운스테인(Braunstein, 1999)의 장기현장실습에 참여한 고용주들에 대한 설문조사 연구에서, 응답자의 50% 이상이 장기현장실습제가 동기가 부여된 열정적인 새로운 종업원 고용, 대학과의 긍정적인 상호작용 제공, 특별한 기술 인력 고용, 채용 및 고용비용 절감, 조직에 새로운 지식 유입, 훈련비용 절감, 조직에 도움이 되는 일회성 프로젝트 완수에 도움이 된다고 답했습니다. 또한, 응답자의 88%는 장기현장실습 경험을 한 학생들이 회사에 고용된다고 말했으며, 75%의 응답자들은 장기현장실습 출신 인력이 조직 내에서 빠르게 성장하는 경향이 있다고 했습니다.

닐슨과 포터(Nielsen & Porter, 1983)는 장기현장실습 출신 종업원들이 정규 대졸 직원보다 훨씬 더 높은 고용유지율을 보이며, 승진, 직무성과의 질 등에서 정규(공채 등) 대졸 직원보다 좋거나 낫다는 점을 밝혔습니다.

딘, 랜켈, 코헨(Deane, Rankel & Cohen, 1978)은 장기현장실습 프로그램에 참여한 250명의 고용주와 참여하지 않은 125명의 고용주를 대상으로 고용주의 비용과 편익을 조사했는데, 장기현장실습 출신 직원들이 임금과 복지비용 지출, 이직률 등에서 일반 직원보다 적게 나타났습니다.

또한 기술적 지식, 커뮤니케이션 스킬, 업무수행의 질과 양, 협동심, 신뢰성, 업무수행 능력, 동기부여, 학습 능력 등 모든 면에서 장기현장실습 종업원이 일반 종업원보다 더 좋다는 점을 밝혀냈고, 이러한 결과는 전문직 및 기술직, 화이트컬러, 블루컬러, 서비스 근로자 등 모든 유형의 장기현장실습 학생의 고용주들에게서 나타났다고 합니다.

아울러 브라운스테인과 스털(Braunstein & Stull, 2001)도 고용주들이 동기가 부여된 열정적인 종업원 채용, 정규 종업원 채용을 위한 검증, 대학과의 적극적 상호작용 제공, 특별한 기술을 가진 인재 채용, 채용과 고용비용 절감, 조직에 새로운 지식 가져오기, 사회적 책임의 이행, 일시 프로젝트에 도움 등의 순으로 장기현장실습제의 효용성을 평가했다고 했습니다.
이러한 해외 선행연구들을 통해 볼 때, 장기현장실습 참여 기업들, 특히 중소·중견기업들은 우수 인재의 조기 발굴 및 검증, 신입사원 재교육 비용 절감 등의 효과를 거둘 것으로 기대할 수 있으며, 해외에서는 이미 포춘의 500대 기업들이 장기현장실습제를 최상의 인재를 고용하는 가장 효과적인 방법이라 평가했습니다(Blanchard, 2008).

선행연구들은 장기현장실습 출신 인력과 공채 출신 인력에 대한 비교에서도 장기현장실습 출신 인력이 기업의 비용편익에 더 도움을 준다는 점을 밝혔습니다.
또한 기술적 지식과 커뮤니케이션 스킬, 업무수행의 질과 양, 업무수행 능력 등에서도 더 나은 것으로 나타났으며, 고용유지율과 조직 내 승진, 연봉 등에서도 상대적으로 우위를 보인다고 밝히고 있습니다.

〈표 10〉장기현장실습생(Co-op) 편익 선행 연구

연구자	학생 편익
Friel(1995)	장기현장실습 학생들이 비장기현장실습 학생들보다 전문적이고 기술적인 문제해결 능력이 강하며, 기술적 지식을 더 많이 소유함
Wilsin & Lyons(1961)	경력목표를 명확히 인식
Wilson(1987)	자율성과 자신감 개발, 대인관계 욕구와 스킬 증대, 학업에 대한 동기 강화, 업무 참여에 자기주도적
Raiola & Sugerman(1984)	장기현장실습에서 경험한 직업을 첫 직업으로 선택하는 비중 높음
Blair &Millea (2004)	학업성취도 증가, 초봉 증가
Eames(1999)	지식, 기술적 역량, 작업장 문화 인식의 역량 강화
Wilson(1989)	경력목표 설정 명확화, 학업적 성취, 자신감, 일에 대한 지식, 높은 초봉
Zegwaard et al.,(2003)	작업장 문화, 행동에 대한 이해, 행동 기준 학습
연구자	**고용주(기업) 편익**
Gardner(2007)	고용주 50%는 졸업 전 장기현장실습과 인턴십 경험자 채용(우수한 인력 선별, 작업장 스킬 보유)
Monstertrak (2004)	전공 분야 일 경험(장기현장실습)은 일자리 확보에 결정적임
Ricks, Van, & Gyn(1997)	장기현장실습 경험자가 그렇지 않은 학생보다 멘토링 발전, 주도적 역할. 취업 성공률, 연봉, 조직에 대한 이해 더 높음
Braunstein(1999)	장기현장실습을 통해 동기가 부여된 열정적인 종업원 고용, 특별 기술 인력 고용, 채용 및 교육비용 절감, 새 지식 유입
The Artur D. (1974)	장기현장실습을 통해 전문 인력 고용, 장기현장실습 출신이 정규 대졸 인력보다 직무성과, 채용수익률, 고용유지율이 더 높음
Deane, Rankel & Chohen(1978)	비장기현장실습 종업원보다 비용 절감, 기술적 지식, 업무수행의 질과 양, 협동심, 신뢰성, 동기부여, 학습 능력, 생산성 높음
Hayes(1978)	일반 대졸자보다 채용수익률, 업무수행 능력, 고용유지율, 연봉, 승진 등 높음
Braunstein, Stull, Emeritus (2001)	열정적 종업원 채용, 대학과의 적극적 상호작용, 특별 기술 인재 채용, 채용 비용 절감, 새 지식 유입

*출처: 황의택(2015), "장기현장실습제를 통한 인력 채용 효과 연구" 재정리.

기업에서는 우수한 인력 채용이 기업 성장 동력 확보 및 인적자원 관리의 가장 중요한 요소라는 점에서, 장기현장실습 인력들의 활용 및 채용의 효과성은 매우 크다고 볼 수 있습니다. 인력 채용에 드는 경제적, 시간적 비용 절감은 기업의 경제적 부담을 줄여줄 뿐만 아니라, 업무 및 조직에 대한 높은 몰입감이나 충성심은 기업의 성과 향상에 도움이 되며, 높은 고용유지율 또한 종업원 이직에 따른 소모적인 비용을 줄여주는 등 인적자원관리 전반에 걸쳐 장기현장실습이 도움이 된다는 점은 시사하는 바가 큽니다.

4) 인력난 해소에 도움을 주는 이유

특히 중소·중견기업들이 구인난에 시달리는 문제는 어제오늘의 일이 아닙니다. 소위 우수한 인재들은 모두 대기업이나 공공기관 등 괜찮은 일자리(Decent Job)로 몰리고, 중소·중견기업들은 인력 채용에 드는 직간접 비용을 충당할 여력도 많지 않습니다.

장기현장실습제도는 기업이 대학과의 협약을 바탕으로 면접을 통해 학생들을 선발해 6개월 이상 장기간 실습생으로 활용하는 제도입니다. 학생들은 자신의 전공과 관련된 실제 업무를 수행함으로써 학교에서 배운 이론이 현장에서 어떻게 활용되는지를 체험하며 실무능력을 향상시키고, 졸업에 필요한 학점과 일정한 보수(기업체가 지급)를 받게 됩니다.

학생은 대학에서 제공하는 기업 리스트와 정보(기업 규모, 업종, 위치, 장기현장실습생이 수행할 직무내용과 자격조건 등 직무명세서(job specification)를 보고 기업을 선택하며, 기업도 학생 리스트와 정보(학년, 전공, 자기소개서 등)를 검토한 후에 학생을 선발합니다. 이러한 학생과 기업 간 매칭은 대학이 담당하며 장기현장실습이 끝날 때까지 대학(장기현장실습 담당 조직의 산학협력 교수 등)은 정기적으로 사업장을 방문해 학생을 케어 및 관리하고, 월별로 보고서를 작성케 합니다. 이러한 활동은 학생들을 보호하고 장기현장실습 성과를 평가하기 위한 것입니다.

장기현장실습제에 참여하는 학생들은 3~4학년인데, 3학년은 전공 능력 향상과 적성 및 진로 탐색 등을 위해 참여하고, 4학년은 졸업을 앞두고 있어 주로 채용을 목적으로 한 '채용연계형'으로 참여하는 경우가 많습니다.

기업은 학생들에게 멘토(선배 사원)를 붙여주어 기업 소개는 물론 업무수행 방법 등을 코칭합니다. 즉 OJT를 한 후 실제 업무를 수행케 합니다. 또한 프로젝트 수행에 참여시키거나 기존 직원들이 수행하는 중요도가 낮은 업무 등을 하게 함으로써 단기적인 생산성 향상을 꾀할 수 있습니다.

주목할 점은 4학년 학생을 장기현장실습생으로 활용하게 되면 기업은 학생이 자사에 적합한 인재인지를 관찰하고 평가할 수 있다는 것입니다. 장기현장실습 학생과 기업의 의견이 일치하게 되면, 실습을 마친 후 정식 직원으로 채용되는 것인데, 이런 경우 앞서 외국의 연구 결과에서도 나타났듯이 인력 채용 비용 절감과 교육훈련 비용 절감, 우수 인재 확보 등의 이익을 얻을 수 있습니다.

5) 심리적 계약 강화로 채용 가능성 향상

장기현장실습제도는 심리적 계약(psychological contract)의 특성을 갖는다고 할 수 있습니다.

심리적 계약은 '두 당사자 상호 간 의무를 묶음으로써 약속이 만들어지고 그것에 대한 교환이 이루어진다고 생각한다'고 종업원이 믿을 때 나타납니다(Rousseau, 1998). 나아가 심리적 계약은 상호 의무와 기대 그리고 그들이 서로 의도하는 가정에 관해 고용주와 종업원 간에 존재하는 묵시적 관계를 의미(Robinson and Rousseau, 1994)하기도 합니다.

신입자의 입장에서 본다면, 심리적 계약은 고용주에 의해 약속된 것에 대한 신념(예를 들어 경력 기회, 재무적 보상, 흥미로운 직무내용)과, 이에 대한 자신의 공헌(예를 들어 업무 성과, 역할 외 행동, 융통성, 충성심)이라 할 수 있습니다. 종업원의 심리적 계약은 특별한 혜택에 대해 특별한 공헌을 하겠다는 개인적인 의무감을 느낌으로써 믿음이 생겨나는 것입니다.

따라서 심리적 계약은 단순한 기대감이 아니라 의무감(Roussaeu, 1990)이라고도 합니다. 또한 미래의 교환에 관한 기대를 구조화할 수 있게 도와주며(예를 들어 역할과 특별한 행동을 규명) 불확실성을 줄여주고 파트너십, 조직화 등 단결을 강화하고, 개인과 그룹, 조직간 상호의존성도 강화해 준다(Roussaeu & McLean Parks, 1993)고 합니다.

심리적 계약(psychological contract)은 몰입, 이직, 조직시민행동 등 종업원의 중요한 태도와 행동을 설명하는 적절한 구성요인으로 간주되어 왔습니다(Ans de

Vos et al, 2003).

심리적 계약은 명백한 계약에 초점을 둠으로써 고용관계의 과정과 내용을 탐색하는 기회이기도 합니다. 이러한 계약은 시간이 흐름에 따라 재협상되거나 수정될 수 있으며, 상황적인 요소의 범위에 영향을 받으며, 다양한 결과를 가져옵니다. 따라서 심리적 계약의 기본적인 초점은 고용주와 종업원 간의 고용관계입니다.

David E.(2004)는 심리적 계약의 분석적인 프레임웍을 원인과 성질, 결과로 제시했습니다〈그림 21〉. 그는 우선 심리적 계약이 발생하는 상황(context)을 고려해야 한다면서 고용주 관점에서는 사업전략, 소유권, 고용관계 정책(Tsui, 2003), 인적자원의 실제(Guest and Conway, 2002)와 조직문화를 강조했습니다. 개인 관점에서는 개인적 환경뿐만 아니라 일에 대한 가치관과 경력 닻(Career Anchor, Schein, 1996)이 필요하다고 보았습니다. 이러한 상황은 심리적 계약을 구성하는 내용을 만들 뿐만 아니라 계약이 그러한 내용에도 반응한다는 논리입니다.

〈그림 21〉 고용관계에서의 심리적 계약 적용 프레임웍

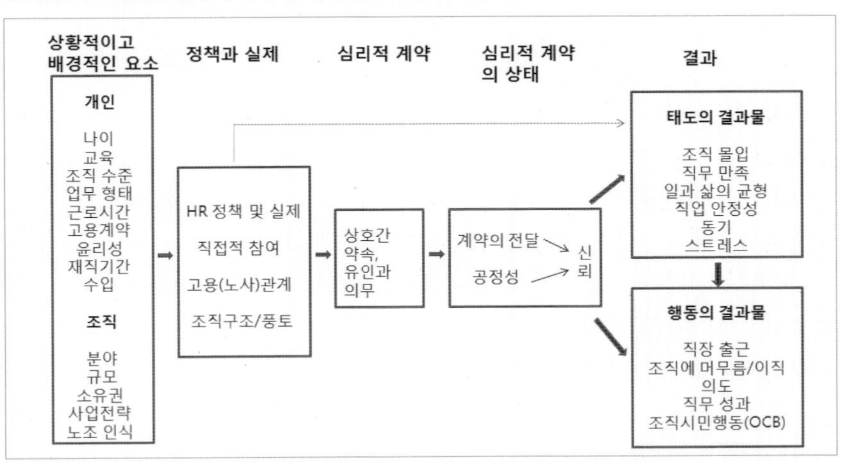

*자료 : David E. Gest, 'The Psychology of the Employment Relationship: An Analysis Based of the Psychological Contract', p.550.

공정성은 정의의 관점 영역으로 규정되는데 심리적 계약의 결과물로 보여질 수 있으며 신뢰도 마찬가지입니다. 하지만 오히려 공정성과 신뢰는 계약의 이행이나 파기 등으로 인한 몰입과 이직 의도와 같은 결과물을 조율하는 요소로 간주될 수 있습니다. 특히 고용관계 상황에서 공정성과 신뢰는 심리적 계약과 밀접한 연관성을 가집니다. 이러한 점에서 고용관계 모델과 심리적 계약의 상황은 통합될 수 있는 것입니다.

장기현장실습제의 효과성을 설명하기 위해서는 David의 심리적 계약 프레임워크을 장기현장실습에 활용해 볼 수 있습니다.

장기현장실습에 참여하는 대학생은 재학생 신분[15)]이며 관리 책임을 대학과 고용주가 공동으로 맡는다는 점에서 근로자로 보기는 어렵지만, 채용을 목적으로 하는 경우 예비 종업원에 해당한다고 할 수 있습니다. 학생들은 학업능력뿐 아니라 자신의 경력, 즉 취업에 필요한 역량 강화를 목적으로 제도에 참여합니다. 기업은 대학과의 파트너십을 기초로 학생을 현장실습생으로 우선 선발한 후 우수 인력을 사전 검증하고 생산성 향상을 꾀하려는 목적에서 참여합니다.

특히 중소·중견기업의 경우에는 물리적 자원(비용 및 시간)이 많지 않아 적합한 인재 선발이 쉽지 않기 때문에 장기현장실습제를 통해 이러한 비용을 줄이려는 의도가 강합니다. 이러한 점에서 장기현장실습제도는 초기 단계에서부터 학생과 고용주가 심리적 계약을 맺는다고 할 수 있습니다.

즉 학생은 기업이 다양한 교육훈련과 코칭, 업무부여 등을 통해 자신의 능력을 강화시켜 주려 한다는 기대를, 기업은 학생이 장기현장실습 기간 동안 조직의 일원으로서 역할을 충실히 수행해 생산성 향상에 기여하고 추후 채용이 되면 지속적으로 조직에 공헌할 인재가 되리라는 기대를 가질 수 있습니다.

이러한 묵시적인 상호 간 약속과 더불어 각자의 노력(학생은 조직에 충성심을 갖고 업무를 충실히 배우고자 하는 노력, 기업은 학생에게 신입사원에 준하는 교육훈련과 멘토링, OJT, 객관적인 피드백, 보호 등)이 수반되면 심리적 계약은 더욱 강해지게 됩니다.

---

15) 2021년 개정된 '대학생 현장실습학기제 운영규정' 등에서는 현장실습 학생도 근로계약을 체결할 수 있도록 하고 있다.

〈그림 22〉 장기현장실습제 특성을 적용한 심리적 계약 프레임웍

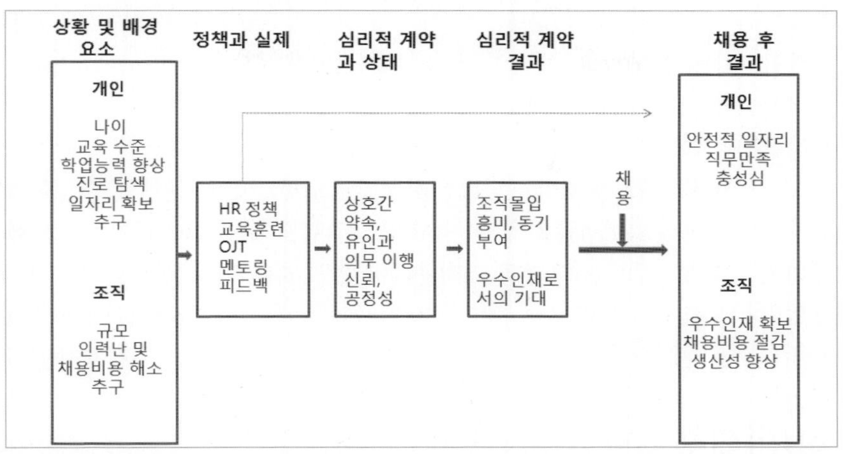

*자료 : David E. Gest, 2004, 'The Psychology of the Employment Relationship : An Analysis Based of the Psychological Contract', p.550. 저자 변형.

나아가 이 계약 과정에 공정성과 신뢰감이 당사자 모두에게 형성된다면 학생은 직무에 흥미와 동기부여를 느끼며 조직에 더욱 몰입하게 되고, 기업은 생산성 향상 및 우수 인재 확보를 기대하는 등 상호 윈윈의 성과를 거둘 수 있습니다.

상호 기대했던 공정성이나 신뢰감이 깨진다면 학생은 업무에 몰입하지 않고 기업에도 불만을 가질 것이며, 기업은 추후 채용 가능성을 닫게 될 것입니다. 하지만 심리적 계약이 발전하여 채용으로 이어져 고용관계가 성립된다면 학생은 진로 선택에 만족감과 안정감을 느끼고 조직에 대한 충성심을 더욱 발휘할 것입니다. 기업은 우수 인재를 확보함에 따라 채용 비용을 절감하고, 조직 및 직무몰입이 강한 인력을 통해 생산성 향상을 얻을 것입니다〈그림 22〉.

중소기업의 경우 대졸 초기 경력자와 기업의 비전을 공유하며 지속적인 경력을 지원하고, 이들이 자기 계발 가능성을 크게 인식하도록 지원하면, 초기 경력자들의 이직을 예방(임정연 등, 2013)할 수 있는데, 장기현장실습 참여 학생의 경우 채용 전후로 이러한 고용주의 노력과 의지가 지속해서 이루어지면 이직 의도를 막을 가능성이 크다고 볼 수 있습니다.

한편, 스터지스(Sturges, 2005)는 심리적 계약을 경력관리 과정 측면에서 설명하고 있습니다. 경력관리 역할을 잘 이해하는 것은 조직환경에서 매우 중요한데, 그 이유는 고용주들은 종업원들이 자신의 경력관리에 책임감을 가질 것을 기대하기 때문이라는 것입니다.

그래서 심리적 계약은 경력관리 활동과 종업원의 태도 및 행동 간의 관계를 연구하는 데 유용한 프레임웍을 제공한다고 강조합니다. 고용관계를 대표하는 것에는 약속, 경력에 관한 기대와 경험, 경력관리에 대한 고용주의 도움 등 여러 가지가 있습니다(Cavanaugh & Noe, 1999). 경력관리에 대한 사항은 종업원에게 조직 진입에 앞서 기대를 하게 하며, 이 기대감이 충족되면 몰입감과 다른 긍정적인 결과를 낳게 됩니다.

스터지스(Sturges)의 '경력관리, 심리적 계약 수행, 조직몰입과 결과변수 간 가설적 관계 모델'도 장기현장실습에 적용해 볼 수 있습니다〈그림 23〉.

학생들은 경력개발을 위해 졸업 전 미리 직장생활을 체험하고 향후 자신의 진로, 즉 취업에 일정한 성과를 거두기 위한 목적으로 장기현장실습에 참여합니다. 즉 장기현장실습을 통해 해당 직무가 자신의 적성에 맞는지, 맞지 않는다면 어떠한 다른 대안을 모색할 것인지를 검토합니다. 적성에 맞는다면 자신의 약점을 보완하기 위해 무엇을 해야 하고, 업무를 잘 수행하려면 무엇을 더 배양해야 하는지를 성찰하면서 직무에 몰입합니다.

장기현장실습은 시작 단계부터 자발적인 경력관리 형태를 띤다고 볼 수 있습니다. 즉 학생 자신이 원하는 기업 및 수행할 직무를 찾고, 전공 탐색 등을 합니다. 이러한 과정은 대학(교수 및 장기현장실습 코디네이터)의 상담과 정보제공 지원 등의 경력지원(장기현장실습 수행 과정 포함)을 수반하기 때문에 '경력관리 행동'이 강하다고 할 수 있습니다.

기업은 학생 가운데 경력관리 의욕이 강한 '검증된' 학생을 받아들이고, 이들이 기업에 와서 경력관리 의지를 제대로 표출하고 실천한다고 판단하면 적극적인 경력지원(멘토링, 교육훈련, 프로젝트 참여를 통한 업무 스킬 등 제공)을 하게 됩니다. 이런 과정을 통해 심리적 계약이 수행됨으로써 학생은 조직에 대한 몰입도가 강해질 수 있습니다.

4학년 졸업반 학생은 장기현장실습을 수행하는 회사로 향후 취업할 가능성이 있는데, 특히 채용연계형(채용을 목적으로 장기현장실습을 수행하며, 장기현장실습 후 평가를 거쳐 학생과 기업의 의사가 합치되면 채용 확정)의 경우 가능성이 더욱 큽니다.

학생은 장기현장실습을 수행하는 직장에서 자신의 경력개발을 적극 추구합니다. 즉 자신의 진로를 더 분명하게 확인하는 과정으로써 장기현장실습에 참여하기 때문에 조직에서 제공하는 교육훈련이나 관리자의 코칭, 프로젝트 참여 등에 강한 몰입감을 갖습니다.

또한 몰입감을 발휘하면 채용 가능성이 커진다는 기대를 하게 되며 채용 후에는 직무성과를 내는 인재가 될 수 있습니다. 조직이 자신의 경력관리를 지원해주지 않는다면 심리적 계약이 파기되었다고 판단해 다른 조직 탐색 등 별도로 개인적인 경력관리 활동을 하겠지만, 일치한다면 더욱 조직과 업무에 만족과 흥미를 느끼면서 몰입과 충성심 등 심리적 계약을 수행할 것입니다.

〈그림 23〉 장기현장실습 적용 경력관리, 심리적 계약, 조직몰입과 결과

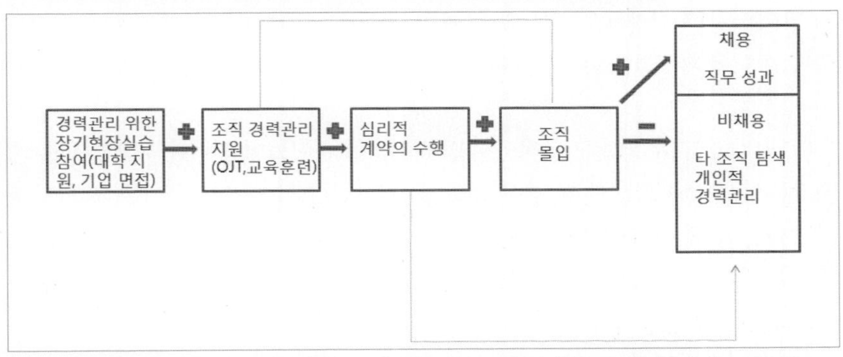

*자료 : Jane Sturges, et al., 2005, 'Managing the career deal: The psychological contract as a framework for understanding career management, organizational commitment and work behavior', p.826. 저자 변형.

6) '개인-조직 가치 일치'로 조직사회화 비용 절감

장기현장실습제도는 개인(학생)과 조직(기업)이 각자의 욕구를 충족시키는 환경을 선택함으로써 생산성, 직무만족 등의 성과를 기대할 수 있다는 점에서 개인-조직 가치 일치(Person-Organization Fit)의 효과성을 얻을 수 있습니다. 개인-조직 가치 일치란 "조직의 규범 및 가치와 개인 가치의 일치"를 말합니다.

개인들은 자신과 유사한 가치를 지닌 것으로 생각되는 조직에 끌리고, 조직 또한 자신의 가치를 공유할 것 같은 사람을 선별하려(Schneider, 1987)합니다. 자신과 유사한 가치를 지녔다고 생각하는 조직에 들어온 입사자들은 조직사회화(organizational socialization)[16)]가 잘 이루어지고 조직에 동화됩니다.

그렇지 않은 사람들은 조직에 자신을 맞추려 변화하거나 아니면 조직을 떠나게 됩니다. 개인의 어떠한 행동 모델에 대한 기본적 가치와 선호는 조직 선택을 하는 과정에서 표현되며, 조직적 상황 내에서 강화되는 속성을 갖습니다.

채트맨(Chatman, 1989)은 조직은 특별한 직무보다는 선발과 사회화 과정을 통해 개인-조직 간 일치를 향상시킨다고 보았습니다. 즉 조직의 실제에 반응을 보일 것 같은 잠재적인 종업원을 찾고, 규범과 가치를 준수하도록 함으로써, 개인과 조직 간 더욱 확고하고 안정적인 애착감(attachment)을 제공하는 것입니다.

이와 마찬가지로 개인도 조직의 규범과 가치가 자신들이 믿었던 것과 어울릴 때 조직을 더 선호함으로써 더 좋은 성과를 내려 합니다(Diener 등, 1984). 따라서 사람들은 조직을 선택하여 구성원이 되면 가치관을 일치시키기 위해 스스로 또는 일정한 권력(power)을 통해 자신의 규범을 바꾸려 합니다.

장기현장실습에 참여하는 학생은 현장실습 전부터 자신의 성격과 유사한 조직을 선택합니다. 즉 학교 측이 제공한 기업 가운데 자신의 전공 능력을 실제로 발휘해보려는 기업이나 원하는 기업(인지도, 조직 규모 등)을 검토한 후에 인터뷰를 통

16) 조직사회화란 개인이 조직 구성원으로서의 역할에 필요한 가치관, 능력, 기대되는 행동, 사회적 지식을 이해하는 과정을 말한다(Louis, 1980; Van Maanen & Schein, 1979).

해 '매칭'이 되기 때문입니다. 즉 서로의 특성과 성격을 상호 검토하여 학생은 현장실습을 수행하고, 기업은 이들을 교육하고 업무에 참여시키는 관계를 형성합니다. 이런 점에서 장기현장실습제는 시작 단계부터 직무(Job)에서 개인과 기업에 관한 일치감(Fit)을 갖는다고 볼 수 있습니다.

학생이 장기현장실습을 수행한 기업에 채용이 된다면, 개인-직무 간 일치감은 더욱 강화될 수 있습니다. 6개월 이상 실습을 통해 전공과 관련된 직무를 수행해 본 경험을 갖고 조직에 진입하기 때문입니다. 직무 조건을 정확하게 이해하는 것은 개인의 직업에 대한 조절 능력을 높이며 개인과 직무 간 일치는 적합성을 구체화합니다. 장기현장실습은 공식 채용 전 개인과 조직 간 직무 일치를 기반으로 다양한 조직 생활과 양측 간 유기적인 관계 형성을 통해 가치의 일치를 일정하게 이룰 수 있어 선발(기업)과 취업(학생)이 용이해질 수 있습니다.

즉 조직의 규범과 가치에 대한 이해, 구성원의 역할 등에 대한 조직사회화가 장기현장실습과정을 통해 일정하게 진행되며, 채용 후에는 개인-조직 간 가치 일치가 더욱 강화될 뿐 아니라 개인의 조직사회화에 드는 여러 비용도 줄이는 효과를 얻을 수 있습니다.

신입사원의 선발 비용은 조직사회화 과정에 드는 비용을 부분적으로 상쇄하는데, 만약 조직이 선발 기준의 타당성을 명확하게 하여 인력을 선발하게 된다면, 교육훈련, 오리엔테이션, 그리고 신입사원이 조직의 업무를 수행하기 위한 다른 비공식적 지도 방법과 같은 사회화 비용이 절감될 수 있습니다(Chatman, 1989).

장기현장실습을 경험한 졸업생들은 조직사회화에 드는 시간이 짧고, 정보를 얻는 데 다양한 자원을 활용하며, 자신의 학습 내용에 대한 주도권을 갖고, 자신의 업무에 대해 더 많이 알며, 조직에 더 잘 동화됩니다.

장기현장실습을 경험한 졸업생들은 그렇지 않은 졸업생과 비교할 때, 신입자로서 더욱 효과적인 학습 능력과 조직에 대한 지식을 갖고 있어서 조직에 더 빨리 적응한다고 합니다.

또한 장기현장실습 경험자들은 수행할 업무 내용, 자신의 역할, 그룹 내에서의 행동, 조직에 대한 이해(규범, 목표, 정책, 신념 등) 등을 직접적인 관찰이나 시행착오를 통해 파악하지만, 그렇지 않은 사람들은 주로 멘토나 감독자, 동료, 매뉴얼 등에 의존하는 경향이 강한데, 이는 장기현장실습 경험자들이 자신감이 더 강하고 기업에 대한 정확한 정보를 갖고 있기 때문이라고 합니다.

즉 자신이 수행할 업무와 역할에 대해 더 많은 지식을 가지게 한다는 점에서, 장기현장실습은 졸업생들에게 조직 구성원으로 더 빨리 적응하도록 준비해 주는 기능을 합니다(Gardner 등, 1993).

〈그림 24〉은 채트맨(Chatman)의 '개인-조직 가치 일치 모형'에 장기현장실습제를 적용해 본 것입니다. 실습을 통한 1차 사회화에 이어 선발을 통한 2차 사회화가 이루어진다면, 결과적으로 조직은 규범과 가치를 강화할 수 있고, 개인은 기업에 더 헌신하려는 자세를 보이는 효과를 기대해 볼 수 있습니다.

이와 같은 이론은 저자의 연구에서도 일정하게 증명되었는데, 장기현장실습을 통해 취업한 학생들을 대상으로 한 '장기현장실습경험과 회사 및 업무 적응력의 상관성' 인터뷰 분석 결과, '조직문화 사전 파악으로 적응력 강화'(58.3%), '업무 내용 사전 파악으로 적응력 향상'(37.5%), '장기현장실습 전과 달라진 점 없음'(4.2%)로 범주화된 바 있습니다.

〈그림 24〉 장기현장실습제 적용 개인-조직 가치 일치 모형

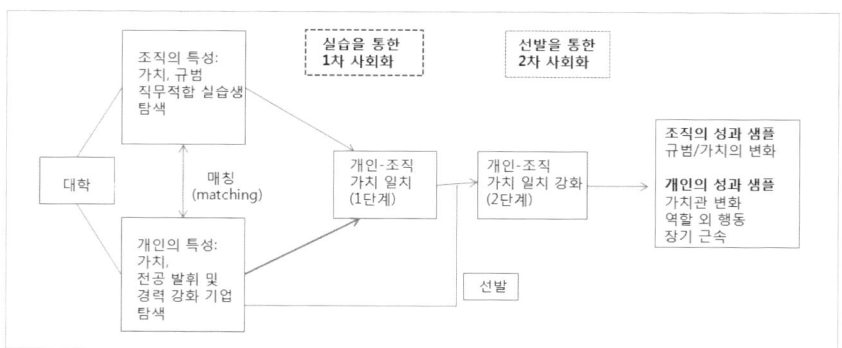

*자료 : Jennifer A. Chatman., 1989. 'Improving Interactional Organizational Research : A Model of Person-Organizational Fit', p.340. 저자 변형

이 인터뷰는 장기간의 현장실습을 통해 조직의 현황 및 분위기 등을 체득하고 구성원들과 친밀한 교류 등을 함으로써 조직에 대한 적응력을 강화하는 데 장기 현장실습이 도움이 된다는 것을 나타냅니다.

② 장기현장실습제도와 타 채용제도 간 비교

앞서 장기현장실습제와 인턴십을 현장실습 측면에서 비교하여 보았습니다. 여기에서는 인력 채용의 관점에서 장기현장실습제도와 기업들이 일반적으로 활용하는 인턴십, 공개채용, 추천(연고)채용의 이론을 비교 분석해보고자 합니다.

1) 인턴십과의 비교

(1) 인턴십의 장단점

우리나라의 경우 1980년대부터 대기업 중심으로 인턴사원 제도를 도입했는데, '사전 검증을 통한 우수 인재 유치'와 '채용방식 다양화를 통한 채용인력 확보 리스크 방지'를 목적으로 하는 등 선진국의 운영 취지인 현장실습보다는 기업 주도의 사원 채용제도로 활용되었다고 볼 수 있습니다(나명엽, 2012).

즉 대학 재학생을 중심으로 일정 인원의 사원 후보를 선발한 후 일정 시간 인턴으로 채용하고 인턴 기간의 업무성과를 평가해 우수한 인재를 정식 사원으로 채용하는 데 초점을 맞추어 왔습니다. 즉 시장 메커니즘에 의해 구인·구직을 위해 인턴제가 운영되는 형태입니다.

한국의 경우 인턴십 프로그램의 주체는 대학, 정부, 기업체로 나누어 볼 수 있는데, 제대로 된 효과성은 얻지 못했다는 평가가 있었습니다[17). 김향아(2013)는 국내 대기업 인턴 채용 담당자와 인턴 경험자의 심층면접 조사에서, 기업은 인턴제

17) 1984년 국내 기업들은 과잉 공급된 대졸 인력을 선발하는 새로운 채용방식으로 인턴사원제도를 도입하였는데, 적용 대상이 수도권 명문대학 인기학과 위주로 집중되어 채용을 전제로 한 우수인력 우선 채용이라는 한계가 있었다. 1998년부터 운영된 정부주도형 인턴사원제는 강제적인 일자리를 만드는 프로젝트 성격이었으며, 효과를 거두지 못하자 정부는 1999년에는 대학주도형 인턴사원제도를 출범시켰다(박선미, 1999). 대학주도형 인턴사원제는 학생들이 어떤 형태로든 산업현장을 체험할 기회를 제공받고 전공과 연계된 업종과 직무에서 실무능력과 업계의 현황 등을 파악하는 안목을 갖게 된 점이 긍정적으로 평가(나명엽, 2012)되었고, 이후 2000년대 들어 다시 기업주도형으로 인턴제가 진행되었는데, 입사 전 직무 및 조직문화를 사전 체험시키는 등 직무 위주의 인턴제를 도입(이종구 외, 2008)하는 등 과거보다 다소 진전된 모습을 띠었다.

를 통해 정규직 후보자의 능력, 잠재력, 인성 등을 파악하고 평가할 기회와 우수 인재를 선 확보할 수 있는 유익한 제도로 평가하는 반면, 인턴 경험자는 정규직 연계 채용이 되지 않으면 본인이 감수해야 할 위험 부담이 큰 채용제도로 인식하고 있어 대졸 인턴제에 대한 인식의 차이가 있다고 밝혔습니다.

또한 상대적으로 대졸자의 중소기업 취업 회피 현상이 많고, 대기업의 인턴사원이 정규직으로 전환하는 비율이 30~50%에 머무르는 등 한계(이종구 외, 2008)가 있다는 점에서, 특히 중소기업의 채용제도로 적합하다고 보기 어렵습니다. 또 인턴사원은 업무수행과정에서 단순 업무나 영업부 지원 등에 그쳐 직무 지향적 욕구를 만족시켜주지 못한다는 의견이 있는 등 전공과 무관한 업무에 대한 불만이 있는 점도 지적되었습니다.

나명엽(2012)은 인턴제의 문제점에 관해 첫째, 인턴 실습 교육 프로그램 개발이 충분히 이루어지기 어려운 점, 둘째, 기업에 대한 이미지가 학생들이 기대한 이미지와 부합하지 않을 때 오히려 나빠질 수 있는 점, 셋째, 실습 기간이 짧아 직무에 대한 이해가 부족하고, 넷째, 대학 교육과 현장 실무와의 괴리로 인해 학교 교육을 경시하는 점 등을 들고 있습니다. 즉 국내의 인턴제는 채용이 이루어지지 않을 가능성에 대한 부담감이 크고, 학생의 직무 관련 욕구를 충족시키지 못하며, 교육프로그램이 체계적으로 이루어지기 어렵고, 적절한 이론과 실무의 통합이 어렵다는 문제점을 안고 있는 것입니다.

또한 인턴십은 참여 경로와 주도 주체에 있어서도 장기현장실습과 비교할 때 매우 다양합니다. 즉 기업의 공채 인턴십 제도, 대학의 추천, 학과 추천, 지인(친척이나 선배)의 추천 등(최애경, 2010) 개별적으로 진행되어 체계적으로 인턴사원을 관리할 주체가 미흡하다는 지적이 있습니다.

또한 인턴십에 대한 평가를 참여기업과 대학 중심으로 60%만이 진행하고 나머지 40%는 평가 없이 인턴십 프로그램을 종료하는 등 기업, 대학, 학생 간 연계가 부족해 체계적인 평가가 이루어지지 않는 경우가 많은 것으로 나타나기도 했습니다(윤명희 등, 2006).

기관 주도형 인턴과 장기현장실습은 몇 가지 측면에서 차이점이 있습니다.

첫째, 참여 주체의 차이입니다. 인턴십은 자유시장 원리에 의해 잠재적 구직자인 대학생과 고용자인 기업체 사이에 개별적 매칭을 시도하는 제도입니다.

반면에 장기현장실습은 잠재적 구직자인 학생들과 우수인력 유치를 희망하는 중소·중견기업 사이에서 대학이 중개자의 역할을 수행할 수 있고, 실습 기업체와 공동으로 관리자의 역할을 수행할 수 있다는 점에서 학생 보호 및 경력개발 차원에서는 장기현장실습이 상대적으로 효과성이 높습니다.

둘째, 참여 기간의 차이입니다. 인턴십은 1개월, 2개월, 4개월 등 기업 사정마다 다양하지만 장기현장실습은 4개월, 6개월입니다. 이는 기업에서 충분한 기간 동안 인력 활용에 대한 니즈(직무기술서 등)가 반영된 결과로 보이며, 학생 입장에서도 장기적인 일 경험이 주는 편익(풍부한 직무 수행 경험 체득, 취업시 자소서 면접 과정에서 어필할 경력 등)이 많기 때문이라 할 수 있습니다(엄기용, 2020).

셋째, 전공 관련성입니다. 인턴사원의 업무가 지극히 단순 업무에 국한되거나 구체적인 업무 배정이 결여되고, 인턴 참여자의 전공과 무관한 업무를 수행하게 되는 사례가 빈번하였으며, 체계적인 인턴십 매뉴얼과 관리 체계가 부재한 경우 또한 많아 인재 검증 제도로서의 효과성에 의문이 제기되기도 했습니다(김향아, 2013; 최애경, 2010).

또한, 중소·중견기업 지원 회피현상이 뚜렷하였고, 대기업 인턴사원의 정규직 채용 전환 비율 또한 30~50%에 머무르는 등(이종구·김병기, 2008) 중소기업의 우수인력 유치, 청년 일자리 창출, 현장실무 실습의 기회 제공 등의 정책적 효과성 또한 미비했던 것으로 평가받았습니다.

반면, 장기현장실습 등 현장실습학기제는 해당 전공 분야의 실무능력 향상을 위해 전공과 관련되게 운영하도록 하거나, 운영계획과 관련된 전공(학과) 또는 계열 특성의 관련성 및 적합성을 검토하도록 하고 있음[18]에 따라 전공 심화학습을

18) 대학생 현장실습학기제 운영규정 제4조(운영원칙), 제13조(적합성 검토)

하도록 하고 있습니다. 반해 장기현장실습제도는 잠재적 구직자인 학생들과 우수 인력 유치를 희망하는 중소·중견기업 사이에서 대학이 중개자의 역할부터 실습 기업체와 공동으로 관리자의 역할까지 수행할 수 있다는 점에서 인턴십의 한계점들을 극복하는 채용제도로서의 특성을 갖는다고 볼 수 있습니다.

2) 공개채용과의 비교

국내 기업들의 가장 일반적인 인력 채용의 형태는 공개채용입니다. 공개채용(open selection)은 공개 경쟁을 통해 인력을 선발하는 제도로서, 선발 내용 및 지원 자격요건을 홍보하여 현실적이고 합리적인 선발 방법을 거쳐 채용하는 방식입니다(이종구·김홍규, 2010).

공개채용은 대졸 노동시장에서 채용에 관한 홍보 효과를 누릴 수 있고, 우수 인력을 확보하는 데 상대적으로 유리한 입장에 설 수 있어서 대기업들이 대졸자 인력에 대해 정기·공개채용 형태를 선호(이도화 등, 1998)한다고 볼 수 있습니다.

그러나 선발 절차 및 도구의 선택과 활용 능력에 따라 지원자의 선별 성과가 상당히 다르게 나타날 수 있어 타당성과 신뢰성을 확보하지 못한다는 한계점이 지적되어 왔습니다. 즉 선발 과정에서는 피선발자에 대한 정보 부족과 오류, 시간 및 비용의 제약, 선발 당사자 결정의 타당도 및 신뢰도 부족 등의 한계가 있어 적합한 인재의 선발이 쉽지 않다고 합니다((Jeffrey & A. Mello, 2007).

특히 인적자원관리 역량과 자원 여건이 열악한 중소기업의 경우 이러한 공개채용제도의 한계를 극복하는 데 더욱 많은 어려움이 있습니다. 공개채용은 일반적으로 서류 전형과 1차 필기시험, 2차 실무면접, 3차 임원면접 등의 프로세스로 이루어지지만, 앞서 지적한 바와 같이 대졸자 신입 인력의 중소·중견기업 1년 내 퇴사율이 30%를 넘는 것으로 볼 때, 대기업보다 효과적인 채용을 달성하지 못하는 경우가 많은 것을 알 수 있습니다.

3) 추천(연고) 채용과의 비교

추천채용은 연고 채용이라고도 하는데, 이는 공개채용의 번거로움을 피하기 위한 것으로 채용인원이 적어 모집공고를 낼 필요가 없거나 특정 분야 및 학교 출신을 필요로 할 때 활용하는 방법입니다.

연구자들은 "추천채용과 같은 비공개채용은 회사가 일방적으로 특정인이나 기관 및 학교를 지정하여 제한된 범위 내에서 추천에 의해 결정되는 채용 형태"라고 정의하고 있습니다. 외국 연구자들은 기존 종업원과 밀접한 연관성이 있는 추천채용일수록 조직과 직무에 많은 정보를 얻는 효과가 있어 이직을 줄이는 효과가 있다고 보았습니다.

울맨(Ullman, 1966)은 기존 종업원과 밀접한 연관성이 있는 추천채용일수록 조직과 직무에 많은 정보를 얻는 효과가 있어 이직을 줄이는 효과가 있다고 보았고, 브로읍(Breaugh, 1992)은 추천채용이 비용면에서 낭비를 줄이고 필요인력을 빨리 충원하는 장점이 있다고 합니다.

스툽스(Stoops, 1981)는 추천채용 프로그램이 두 가지 이유에서 비용 효과적이라고 했는데, 첫째는 종업원들이 필요한 스킬을 가진 사람들을 많이 알고 있으며, 둘째는 종업원들이 가장 효과적인 판매원이라는 점 때문이라는 것입니다. 그는 또한 추천채용 프로그램은 종업원을 조직 성장에 기여하려는 팀의 노력에 참여시킴으로써 종업원의 사기를 높이고 이직을 줄이는 데 도움이 된다고 합니다.

또한 입사 후 작업 성과 측면에서도 추천 채용된 사람들은 광고와 직업소개서를 통해 채용된 사람들보다 결근율과 이직률, 생산성 등에서 좋은 결과를 보이는 경향이 있다고 합니다(Gannon, 1971).

이러한 추천채용은 기존 종업원이 자신의 경험을 통해 업무수행에 어떠한 기술과 능력을 갖추어야 하는지 등 필요한 정보를 정확하게 파악할 수 있어 외부 인재를 확보하는 데 유리합니다.

또한 기존 종업원이 추천 대상자의 조직 및 직무에 대한 의문점에 대해서도 충분히 설명해줄 수 있고, 관심을 갖고 지원할 여지가 크기 때문에 추천채용을 통해 입사한 직원들은 조직에 빨리 적응할 가능성이 있습니다.

하지만 단점으로는 학연, 지연 등 인맥을 통한 채용이라는 점에서 능력을 제대로 갖추지 못한 비적임자가 고용될 수 있다(이계원, 2012; 정범구 등, 2013)는 한계점을 안고 있습니다.

4) 타 채용제도와 장기현장실습제도 비교분석

장기현장실습생 채용은 다른 채용 경로를 통해 입사한 직원과 비교할 때 기업에 채용 비용 및 교육훈련비용 절감의 효과를 가져다주며, 직무만족도와 직무몰입도도 상대적으로 크기 때문에 기업의 성과 향상에 도움을 줄 인재로서 역할을 할 가능성이 크다고 할 수 있습니다.

인턴십은 기업 주도의 채용제도란 측면에서 노동시장에서 대기업과 비교해 중소기업이 갖는 낮은 매력도, 인턴십 운영을 위한 중소기업의 자원과 역량의 한계, 인턴십 참여 학생들 가운데 진로 모색의 기회를 얻지 못한 학생들이 갖는 실패의 위험 부담 등으로 인해 중소기업의 효과적인 채용제도로 활용되기에 한계가 있습니다.

하지만 장기현장실습제도는 학교(교수 및 장기현장실습 전문가)의 지원과 체계적인 프로그램 하에 학생들을 기업체에 보내, 학교에서 배운 전공이론을 강화하고 실제 경험을 통해 새로운 학습을 하게 만드는 구조화된 교육프로그램이자, 기업들이 대학과 협력하여 우수한 인력을 확보하게 하는 채용 프로그램이라는 점에서, 시장원리에 입각한 인턴십 제도의 한계점을 극복하는 특성을 갖는다고 할 수 있습니다(황의택 등, 2016).

공개채용과 추천채용은 채용에 필요한 자격이나 시험성적, 연고에 의해 채용이 결정되기 때문에 현장실습 및 직무역량의 직접 관찰과는 관련성이 없습니다. 다만 이력서나 면접에서 현장실습 경험(인턴십, 장기현장실습 등) 유무가 채용에 영향을 줄 수 있습니다.

또한 자신의 전공과 관련된 업종 및 직무에 채용될 수도 있지만, 그렇지 않을 수도 있어 전공 관련성 또한 불투명하다고 볼 수 있습니다. 장기현장실습과 가장 큰 차이점은 채용 시 인재를 사전 검증하기 어렵다는 점입니다.

장기현장실습은 장기간 현장실습생의 태도와 업무수행 능력, 적성 등을 관찰하고 평가하는 과정을 통해 채용 여부를 판단할 수 있지만, 공채는 응시자가 제출한 서류와 면접, 시험성적 등을 기준으로 채용하며, 추천채용 또한 추천자의 신뢰에 의존할 수밖에 없어 실제 채용자의 능력과 적성 등이 기대했던 것과 다를 가능성이 있습니다.

최근 우리나라 기업들이 신규 채용 시 해당 인력이 관련분야에서 실무경험이 얼마나 있는지, 즉 실무능력을 보유한 인재를 선호하는 경향이 강해지는 점에서 본다면, 장기현장실습생은 전공 관련 업무수행 경험이 타 채용 경로를 통해 입사한 직원에 비해 많기 때문에 기업의 선호도가 높을 것으로 예상해볼 수 있습니다.

신규 종업원이 조기 이직하는 이유 가운데 하나는 그의 직무와 근무환경이 자신의 기대나 욕구와 맞지 않기 때문인데, 채용 과정은 이러한 미스매치에 부분적인 책임이 있습니다(Ronald, 1994).

그래서 종업원의 조직 진입 단계에서 만족스러운 심리적 계약(psychological contract)을 증가시키려면 인적자원관리는 현실적인 직무 소개(Realistic Job Preview)를 해야 합니다. 즉 직무의 우호적인 면과 그렇지 않은 면 모두를 실제로 알려주어야 하며, 후보자가 실제 직무환경과 활동을 파악하도록 소책자, 영상, 업무 샘플 테스트 등을 통해 실제적인 정보를 제공해야 할 필요가 있습니다.

연구자들은 이러한 현실적 직무소개가 신규 직원의 이직을 줄이고, 직무만족과 조직몰입을 증가시킬 수 있고, 또한 신규 종업원들에게 예상되는 직무상 문제에 정신적으로 대응할 수 있도록 하며 문제가 발생했을 때 대처 능력을 강화할 수 있다고 강조합니다.

이런 점에서 볼 때 장기현장실습은 장기간의 현장실습 과정을 통해 자연스럽게 현실적 직무소개가 가능합니다. 즉 기업은 장기현장실습생을 추후 채용할 것을 염두에 둘 경우, 일정한 능력을 갖춘 학생에게 현장실습의 기회를 제공함으로써 그들이 채용 후 수행할 업무를 미리 경험하게 하여 직무에 대한 이해와 대처 능력을 강화하는 효과를 가져올 수 있습니다.

〈표 11〉 장기현장실습제와 타 채용제도 비교

구 분	장기현장실습	인턴십(Internship)[19]	공개채용	추천(연고)채용
현장 실습기간	한국은 5~6개월 및 복수기간 (외국 대학 2학기 이상, 최대 6회까지)	수개월 이내로 다양	-	-
현장 실습기업	복수 기업 (한국은 대부분 한 기업)	한 기업 (복수 가능)	-	-
참여 학생	3~4학년 중심	4학년 및 졸업생	재학생 및 대졸자	재학생 및 대졸자
전공 관련성 (실제업무)	관련성 필수 (전공 심화 학습)	관련성 불투명 (전공 및 비전공 실습)	관련성 불투명	관련성 불투명
현장 실습시기	학기 중	방학 중 또는 학기중	-	-
일 경험과 학업의 통합	통합 지향	통합 불투명 (비전공 업무 수행의 경우)	-	-
제도 참여 주도 주체 (참여경로)	대학, 기업, 학생 3자간 공동 주도	기업 주도(시장 메커니즘), 대학주도, 개인주도 (지인 등) 또는 공동주도	개별 응시	지인(연고) 추천
평가 (피드백)	대학, 기업, 학생 3자간 공동 참여	대학, 기업 중심이며 없는 경우도 많음 (한국)	채용 후 근무평가	채용 후 근무평가
채용관련성	채용관련성 강함[20]	채용 연계 50% 내외 (한국)	관련성 있음	관련성 있음
채용시 사전검증	사전 검증 명확	사전 검증 가능	사전 검증 없음 (서류와 시험 의존)	사전 검증 없음 (추천자 신뢰의존)
만족도	대학·기업·학생 만족도 높음 채용시 현실적 직무 소개(Realistic Job Preview)가능	제도 운영이 체계적이지 않을 경우 학생·기업 만족도는 낮음	우수인재 확보 가능/ 채용 신뢰도 및 타당도 부족/ 조기퇴사	채용자 조직적 응력 강함/ 비적임자 채용 가능성

*자료 : Ryder(1987), Grub(1995), Yin(2009), Sprandel(2009), Fred(2011), 김광희(2002), 김향아(2013), 나명엽(2012), 최애경(2010), 윤명희(2004), 이경미(2011), 김미영(2013), Jeffrey & A.Mello(2007), Ulman(1966), 정범구·이재근(2003), 이종구·김병기(2008), 이종구·김홍규 (2010), 정호준(2010), 이계원(2012), 황의택(2015)

19) 한국도 기업 현장에서는 장기현장실습과 인턴십 용어를 상호교환(interchangeable)하여 사용하기도 한다.

20) 외국에서는 장기현장실습 학생을 정식 직원으로 채용하는 경우가 많고, 한국에서도 채용연계형(장기현장실습 후 평가를 거쳐 채용하는 유형)의 경우 채용 가능성이 높으며, 채용연계형이 아니더라도 인재 사전 검증을 통해 기업에서 채용하는 경우가 발생함. 또한 한 기업에서 장기현장실습을 수행한 경험을 통한 전공능력 강화 및 경력목표 명확화로 타 기업으로의 고용가능성(employability)이 높아진다.

현실적 직무소개는 학생과 감독자 모두에게 장기현장실습의 질을 담보하는 핵심 요소입니다. 학생들이 자신이 수행할 직무에 대해 더 많이 알수록, 현실적인 기대감을 갖게 하며, 자신의 경력 비전과 맞지 않는 장기현장실습 업무를 맞닥뜨렸을 때 실망감을 최소화하게 할 수 있습니다. 감독자 역시 학생이 수행할 업무에 대한 기대감을 명확히 하게 됩니다(Laycock Angelina. B. 등, 1992).

또한 장기현장실습제를 통해 고용주들은 기업 응시자에 대한 직접적인 관찰 과정에서, 정확하게 측정하기 어려운 개인적인 태도나 그룹 내에서의 업무수행 능력, 규율 준수 등의 역량을 관찰하도록 하기 때문에 인력 선발에 훌륭한 방법이 됩니다(Grub 등, 1995).

장기현장실습생이 실습을 한 기업에 채용되지 않는다 하더라도, 자신의 전공 관련 직무에 대한 경험과 이해도가 높아지기 때문에 타기업에서의 채용 가능성은 현장실습을 하지 않은 학생보다 높다고 할 수 있습니다.

이상과 같은 장기현장실습제와 타 채용제도 간 비교는 〈표 11〉과 〈그림 25〉로 정리해 볼 수 있습니다.

〈그림 25〉장기현장실습과 타 현장실습제 및 채용제도 비교 벤다이어그램

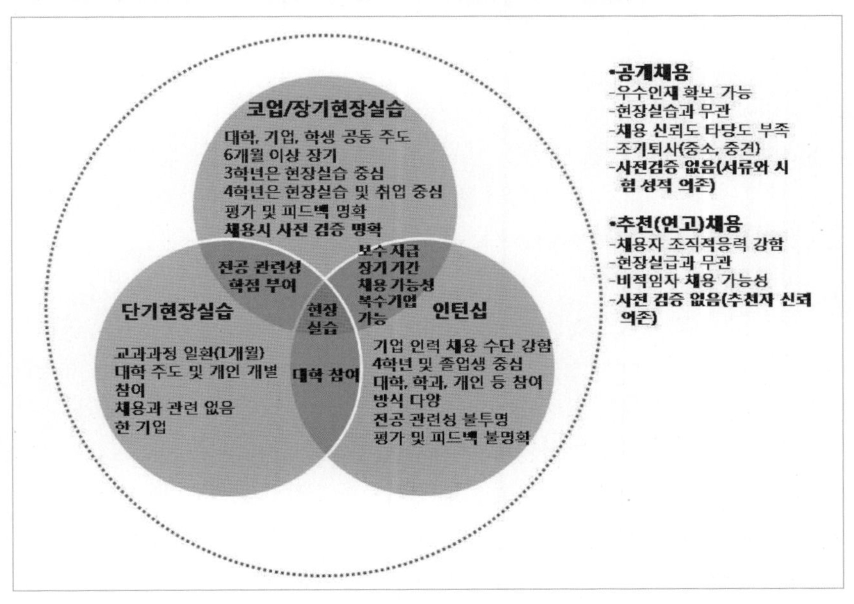

5) 장기현장실습제도 효과성에 관한 연구

한국기술교육대학교가 런칭한 IPP가 2015년부터 순차적으로 전국 36개 대학으로 확산되는 가운데, 많은 연구자들은 IPP 프로그램등 현장실습교육의 효과성 분석에 대한 실증연구를 진행했습니다. 주요 연구 결과에 대해 알아봅니다.

남화성·유미선(2018)은 'IPP(장기현장실습) 프로그램의 효과분석'에서 2017년 2학기 IPP에 참여한 K대학교 학생 대상으로 Kirkpatrick의 평가 4단계(반응-학습-행동-결과) 모형 중 학습(지식과 스킬, 태도에 대한 변화)에 대한 사전-사후 조사를 진행했습니다.

IPP 프로그램 참여에 따른 K 해당 대학의 핵심역량 중 전문역량, 소통 역량, 창의융합 역량의 각 하위 역량(자기주도학습, 의사소통역량, 문제해결 능력과 종합적 사고력)에서 통계적으로 유의미한 수준의 향상이 있음을 밝혔습니다.

IPP가 직업 현장의 실습생으로서 맡은 역할과 직무에 대한 자기 주도적 목표 설계와 목표 성취를 위한 노력, 동료 실습생 및 선배 재직자와의 의사소통, 실습 과정에서 발생하는 문제와 직무 과업 해결을 위한 창의적·융합적 사고 등의 경험을 하게 하면서 대학생의 핵심역량 증진에 긍정적으로 작용하는 것으로 분석되었습니다.

조세홍·장명희·홍은선(2019)은 '대학생의 장기현장실습 관련 요인과 고용가능성의 관계'에서 H 대학에서 2018년 2학기부터 2019년 1학기까지 IPP 장기현장실습 프로그램에 참여한 학생 대상으로 연구를 했습니다.

조사 결과, 고용가능성[employability: 최초의 고용을 획득하고, 고용을 유지하며, 필요한 경우 새로운 고용을 획득함으로써 궁극적으로 안정적이고 실현 가능한 일을 확보하려는 개인의 능력(Hilage와 Pollard(1998)]의 하위 영역인 '직업 및 구직 능력'에는 장기현장실습 관련 요인 중 실습생-기업 매칭 차원의 직무 적합성이, '직업 구직 자신감'에는 실습생- 기업 매칭 차원의 직무 적합성, 실습 과정 차원의 역할 명확성과 무형식학습이, '노동시장 수요 인식'에는 장기현장실습 관련 사후 요인 중 사후 관리 차원의 실습 후 학습 전이가, '취업 기대 수준 조정'에는 실습 과정 차원의 무형식학습이 각각 유의미한 영향을 미친다는 점을 밝혀냈습니다.

이영선·장환영·안홍선·권현지(2020)는 '현장실습 참여 대학생의 경험과 인식에 관한 질적연구'에서 IPP 중장기 현장실습에 참여한 대학생 10명에 대한 인터뷰 및 주제 분석(thematic analysis) 결과, 참여 학생들은 현장실습을 통해 감정적, 인지적 측면의 변화 경험과 함께 기대, 충격, 적응, 의미발견 등의 단계적인 내적 변화를 보여주었으며, 이는 현장실습이 학생 성장을 위한 학습 프로그램으로 기능하는 것이라고 했습니다.

김성희·이상곤(2018)은 '재학 중 현장실습과 취업 후 직무만족 간의 관계에 관한 연구'에서 장기현장실습이 실습 성취도(실습 참여에 대한 참여 학생의 자세, 멘토, 직무 요소)와 직무만족 간의 관계에서 직무 일치와 조직몰입의 매개효과가 있음을 제시했습니다.

이지영·이상곤(2018)은 '장기현장실습 프로그램 만족도 영향요인 탐색' 연구에서 IPP 만족도에 영향을 미치는 선행요인(학생 차원, 학교 차원, 기업 차원) 중에 학교 차원(센터 지원)과 기업 차원(직무내용, 직무 범위, 현장 지도)이 중요한 선행요인임을 제시했습니다.

이지영·이상곤(2019)은 '장기현장실습에서의 직무 특성, 실습 만족, 교육성과 간의 구조적 관계 분석' 연구에서 학생들이 현장실습을 통해 '전공역량'과 '비전공역량'이 증가하기 위해서는 실습 기관에서 부여받는 실습직무 특성(직무 범위, 직무내용, 현장 지도)과 현장실습 만족도가 중요하게 작용함을 제시했습니다.

엄기용(2019)은 '코리아텍 졸업생을 대상으로 한 IPP의 장기적 효과성 분석 연구'에서 이 대학 졸업생 730명을 대상으로 한 실증연구 결과, IPP 참여가 졸업 학점에 긍정적인 영향을 미친 점, IPP 참여 경험이 직무만족에 영향을 주는 점, IPP 참여 경험은 조직몰입도와 이직 가능성에 영향을 주지 못하는 점 등을 밝혔습니다.

그럼에도 IPP 경험이 많은 졸업생들의 취업과 직무수행에 도움이 되었는데, 직무수행에 도움이 된 가장 큰 이유는 문제해결력 습득, 조직에 대한 이해, 팀워크 등 실습을 통해 조직 및 직업 세계를 이해했기 때문이라고 밝혔습니다.

〈그림 26〉 R&D 산업인턴 컨소시엄 구성 및 역할

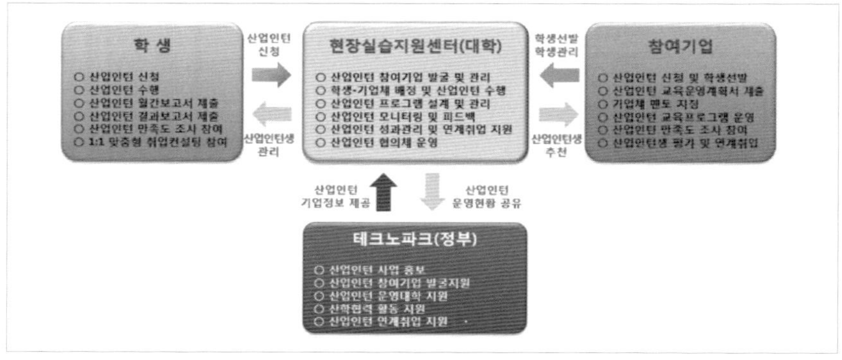

이지영·이상곤(2020)은 '다중집단분석을 활용한 장기현장실습 프로그램 성과 영향요인 간의 구조 관계 연구'에서 실습 기관에서의 실습 범위, 실습 내용, 실습지도, 복리후생과 같은 직무 특성 요인, 실습 만족, 실무역량 간에 미치는 영향 관계가 참여자 성별, 전공계열, 실습 기관 유형(대기업, 중소기업, 공기업)에 따라 다른 영향 관계를 맺고 있음을 실증적으로 제시했습니다.

이석문·정연구(2017)는 '장기현장실습을 통한 연계 취업 활성화 방안 연구'에서 'R&D 산업 인턴'(테크노파크가 참여하는 산학관 장기현장실습으로 금오공대, 대구대, 대구가톨릭대, 영남대 학생 6개월 장기현장실습 수행)에 대한 연구 결과, 체계적인 사전 준비와 수행, 사후 관리 등을 통해 참여기업으로의 2015년 대비 2016년 연계 취업률이 2.2배로 향상되고 학생과 기업의 만족도도 높아졌음을 밝혔습니다.

김동태(2018)는 2015년부터 2017년까지 IPP 참여 학생 2,032명(30개 대학)을 대상으로 한 만족도 조사를 분석한 결과, IPP 참가자 전공역량 수준과 비전공역량 수준이 통계적으로 의미 있는 차이를 보이며 증가하는 추세를 나타냈다는 점을 밝혔습니다. 아울러 진로 선택, 취업경쟁력 향상, 직업 적성 파악 도움, 조직 이해도 및 적응력 향상, 더 좋은 직장 취업에 도움 등 IPP 효과에 대한 인식 수준 역시 증가 추이를 나타냈습니다.

주인중·이봉재(2019)는 대학 재학 중 현장실습 참여 특성이(첫 번째 일자리 임금근로자의) 직장 만족도, 직무만족도, 수준 적합도에 미치는 영향 관계를 분석했는데, 직장에서의 업무, 의사소통 및 인간관계, 근무시간 및 환경 등 직무에 대한 만족도는 대학 재학 중 현장실습 자체가 취업 및 업무 능력에 유익할수록(도움이 될수록) 높게 나타났음을 밝혔습니다.

유지원·송윤희(2017)는 대학생의 현장실습 교육 경험이 실무역량과 진로 동기의 하위 요인인 진로 탄력성, 진로 통찰력, 진로 정체성에 효과가 있는지를 검증하였는데, 현장실습 교육 참여 경험이 있는 집단의 실무역량과 진로 탄력성, 진로 통찰력, 진로 정체성의 잠재 평균이 현장실습 경험이 없는 집단보다 모두 의미 있게 높게 나타났습니다.

현장실습 교육 경험으로 자신의 흥미와 적성을 확인하는 계기가 되어 진로 동기가 증가하거나, 진로의 정체성 수립과 학교와 현장 간의 틈을 이해하는 데 도움이 되어 실무에 대한 두려움을 완화하고 자신감을 높이는 효과를 보인다는 점을 증명한 것입니다.

남재우·최영근(2020)은 4주 이상 현장실습에 참여한 대학생 대상 설문조사를 통해 현장실습 교육이 진로 탐색에 미치는 영향을 분석했는데, 현장실습의 실효과성(산업체 경험과 진로 계획에 도움, 실무지식의 이해 등)과 기관 적합성(실습기업의 환경, 실습 관리, 실습계획 등)이 진로 탐색 역량을 높여주는 요인임을 밝혔습니다. 또 현장실습이 진로 개발 및 취업과 직장 적응에 긍정적 영향을 미치고 있음을 증명했습니다.

송윤희(2017)는 현장실습 교육 경험을 현장실습 경험 없음, 현장실습 1회, 현장실습 2회, 현장실습 3회 이상으로 구분하여 의사소통 능력, 대인관계 능력, 융합역량의 평균을 비교한 결과, 현장실습 교육 경험이 없는 집단보다 1회 경험의 집단이, 1회 경험 집단보다 2회 경험 집단이, 2회 경험 집단보다 3회 이상 경험 집단이 3가지 요소 모두 의미 있게 높은 것으로 나타났습니다.

이 연구는 현장실습 경험이 많을수록 직무 현황에서 다양한 경험의 기회를 마련해 줌으로써 의사소통 능력 및 긍정적인 대인관계 형성에 도움을 줄 뿐 아니라, 다양한 체험과 학제간 통합을 통해 문제를 발견하고 해결할 수 있는 역량을 강화해 줌을 시사합니다.

한국기술교육대 IPP에 대한 기업 만족도는?

84% 만족', 79% "한기대생 타대학 학생보다 낫다"

한기대 IPP 출신자 채용 기업 87.5% '만족', 70% '타 채용경로 입사자보다 우수' 평가

2020년 한국기술교육대학교 IPP센터에서는 IPP에 참여한 기업체 관계자(인사담당자 및 현업부서 팀장 등)를 대상으로 설문조사(설문기간: 2020년 9월 10일~10월 9일/응답자 137명)를 실시한 바 있습니다. 그 결과 한국기술교육대 IPP 참여의 전반적인 만족도에 관해 매우 만족함 44.5%, 만족함 39.4%로 응답자의 83.9%가 긍정적으로 인식했습니다.

한기대 IPP 참여 학생들을 다른 현장실습(정부·지자체의 장기 인턴, 타 대학 현장실습 등)에 참여한 학생들과 비교할 때, 우수한 편(42.3%), 매우 우수함(36.5%) 등 응답자의 78.8%가 상대적으로 우수한 편이라고 인식하는 것으로 나타났습니다.

또한 IPP 참여 학생을 채용한 경험이 있는 기업들의 전반적인 만족도를 묻는 질문에는 만족함(60.0%), 매우 만족함(27.5%), 보통(12.5%)로 응답자의 87.5%가 긍정적으로 인식하는 것으로 응답했습니다.

타 입사경로(공채, 수시, 추천 등)로 입사한 직원과 비교할 때, 한기대 IPP 출신 채용인력의 업무 능력(업무수행 태도, 조직 이해도 등) 수준을 묻는 질문에는 우수한 편(50.0%), 매우 우수함(20.0%)로 나타나 응답자의 70.0%가 IPP 채용인력을 더 우수하다고 응답했습니다.

제4장

장기현장실습을 통한 취업 성공 사례

제4장 장기현장실습을 통한 취업 성공 사례

한국기술교육대학교의 IPP는 국내 대학 장기현장실습제도의 대명사로 불릴 만합니다. 2012년 국내에서 처음으로 IPP(Industry Professional Practice. 기업연계형 장기현장실습제)를 만들었으며, 매년 350명의 학생들을 전국 대기업, 공공기관, 외국계기업, 중소중견기업, 직업훈련기관 등에 보내어 전공실무역량과 취업역량을 강화하고 있습니다. 이 장에서는 한국기술교육대 현장실습지원센터인 IPP센터에서 직접 발굴, 취재한 'IPP 경험 졸업생이 말하는 IPP' 시리즈 기사를 싣습니다.

IPP 참여를 통해 다양한 업종에 취업한 스토리를 소개합니다. 개인 이름은 모두 익명으로 처리했습니다.

1. 중견기업에 '채용연계형 IPP' 참여 후 취업 사례

"IPP로 취업 안착 보람, 중견기업 기회에 많이 도전하세요"

경기도 안성에 위치한 반도체 부품 세정, 코팅 전문기업인 ㈜코미코. 이 기업은 1996년 국내 최초로 반도체 부품 세정 및 코팅을 사업화한 회사로 2013년 8월 전문화를 추진하고자 기존 법인으로부터 물적분할을 통해 신설됐다. 미국, 중국, 대만, 싱가포르 현지에 첨단 공장을 설립, 전 세계 우수 반도체 Chip Maker로부터 품질 인증을 받은 글로벌기업이기도 하다.

지난 2020년 9월부터 12월까지 이 기업에서 '채용연계형 IPP'에 참여했던 J씨(26세)는 올해 1월부터 정직원이 됐다. 코로나19로 채용시장이 꽁꽁 얼어붙은 시기에 '졸업 전 취업'의 결실로 주변의 부러움을 한 몸에 받고 있다.

"4학년 때 졸업한 선배들, 특히 IPP를 경험하고 취업한 선배들로부터 '취업 연계

장기현장실습 기회가 오면 잡는 게 좋다'는 조언을 많이 들었죠."

지난해 여름 그에게 기회가 찾아왔다. 한국기술교육대와 끈끈한 산학협력을 맺고 있는 코미코에서 채용연계형 IPP에 참여할 학생을 모집한다는 것. 지도교수 추천으로 면접을 거쳐 합격하면서 그의 인생에 새 전기가 마련됐다.

"원래는 자동차 분야 대기업 취업 생각도 있었어요. 하지만 회사의 성장률이 높고 반도체 산업도 유망하다는 생각에 IPP에 도전했습니다."

그는 IPP기간 동안 연구개발팀에서 수개월 동안 코팅 밀착도를 테스트하는 프로젝트를 맡았다. 대학에서 배운 전공 능력을 최대한 발휘, 프로젝트는 성공적으로 마무리됐고, '코팅 박리 장비'가 회사에 원활히 들어오게 하는 수훈을 세웠다. 선배 사원들은 "앞으로 장비가 추가로 들어오면 동민이가 관리해라"고 할 정도로 신임을 얻었다.

그에게 기억에 남는 장면은 작년 12월 회사 내에서 치러진 '연 매출 2000억 달성' 축하 행사. 그가 속한 연구개발팀은 우수상을 받았다. "선배분들과 동고동락했던 부서가 상을 받으니 무척 기뻤습니다. 제가 조금이나마 부서 성과 향상에 기여한 것 같아 보람도 컸구요." 학생 신분이었지만 J씨는 부서원들과 같이 성과급도 받았다.

그는 IPP가 무엇보다 취업에 안착하게 해준 점에 고마움을 느낀다. "코로나로 대학생 취업이 어려운 시기에, 어렵지 않게 취업했다는 점이 신기할 뿐입니다. 다들 취업에 고전하는 상황인데요."

더불어 자신의 경력개발과 탐색에도 큰 도움이 됐다고. "IPP를 하면서 반도체 분야를 몸소 체험하고 회사가 어떤 곳인지를 파악하는 데 무척 도움이 됐습니다. 대학원을 가는 게 좋을지, 취업을 하는 게 좋을지 등 제가 어떤 진로를 선택해야 할지 결정하는데도 큰 자산이 됐죠."

그는 IPP 기간에 전공 분야에 대한 학습보다는 '조직과 인간관계'에 더 많은 것을 배웠다고 회고한다.

"학교에서는 배우고 느끼기 어려운 사람 관계를 많이 학습한 게 도움이 됐습니다. 저보다 나이가 많은 분들의 정서와 여러 사람들의 성격 등을 파악하고, 각 스타일에 맞게 제가 어떻게 응대해야 하는지, 어떻게 하면 친숙해지는지 등을 배우는 좋은 기회였다고 생각해요."

2. IPP 경험으로 대기업 수시 채용에 합격한 사례

"면접 시 IPP 직무경험 어필이 주효, 수시채용 트렌드에 최적 "

LG에너지 솔루션은 최근 산업계에서 가장 핫한 기업으로 부상 중이다. 2021년 2월 미국 ITC(국제무역위원회)에서 SK이노베이션에게 완승을 거둠에 따라 변수가 없는 한 10년간 거대 배터리 시장인 미국에서 왕성한 사업을 벌일 수 있기 때문. LG화학 전지부문 분사기업인 LG에너지 솔루션은 기업가치가 무려 100조에 달한다. 2020년 연간 누적 글로벌 전기차용 배터리 사용량 점유율은 23.5%로 당당히 세계 2위를 차지했다.

"우리 기업은 자동차용 전지뿐 아니라, 웨어러블 디바이스 분야와 관련 있는 소형전지, 세계적 신재생에너지 붐 및 친환경 정책과 함께 성장 중인 ESS(에너지 저장시스템) 전지 등 성장성과 잠재력이 무궁무진합니다."

수백 대 일의 경쟁률을 뚫고 2월 중순부터 이 회사 소형전지사업부 개발팀 신입사원으로 출근 중인 C씨의 말이다. 그는 '18년 9월부터 이듬해 2월까지 6개월간 한국생산기술연구원에서 '이차전지 음극재 연구개발'을 업무로 IPP를 수행했다.

LG그룹은 '20년 6월 공채 폐지 후 수시채용으로 전환한 대기업. 따라서 공채에서 중요시하는 봉사 및 대외활동, 수상 경력 등보다 '직무 경험'을 최우선시하는 채용 트랜드는 그의 입사 성공에 매우 좋은 영향을 줬다.

"사실 큰 기대를 안 했던 LG에너지솔루션에 합격해서 기쁨과 당황이 반반인 상태로 입사했습니다. 제가 처음 서류를 넣은 기업에 합격한 이유는 기본에 충실하게 임했던 것과 함께 수시채용 방식 때문이 아닌가 합니다."

학점 평점 4.47이라는 높은 학점과 자격증, 어학 점수 등 기본적인 역량 위에 6개월간의 IPP는 면접시험에도 톡톡히 역할을 했다.

"실무진 및 임원 면접 때 IPP에 관한 질문을 많이 받았는데, 충실하게 대답을 했습니다. 결과적으로 IPP 경험이 취업에 절대적인 도움이 되었다고 봅니다. 다른 지원자보다 대외활동은 적지만 직무 관련 경험이 풍부해서 입사 과정에서 크게 어필했다고 생각합니다."

그는 '18년 상반기 캐나다 교환학생을 다녀온 후, IPP센터 김종석 교수의 추천으로 운 좋게 한 명의 IPP실습생 자리가 남은 한국생산기술연구원 실험실로 매칭이 됐었다.

"6개월간 배터리 음극재를 연구개발(음극재 원료배합 레시피 바탕 음극 제작, 분석을 위한 Coin- Cell 제작 등)하면서 연구개발의 가치와 중요성을 새삼 깨닫게 되었습니다. 그래서 진로를 관련분야 연구직으로 정하게 되었죠."

당시 3학년이던 그는 IPP 수행 직후 열린 우수사례 시상식에서 '우수상'을 받을 정도로 성실한 태도와 직무수행 능력이 좋은 '인재'였다.

그는 IPP가 준 장점에 대해 "'권리는 의무를 다했을 때 얻어진다'는 교훈이었습니다. 조직에서 팀원들과 밀접한 상호작용을 할 때 양보와 배려를 고려하면서 자신의 권리를 찾아야 한다는 점"이라고 말한다.

IPP에 참여할 후배들에게 "단지 졸업 시기가 늦어지는 것이 두려워 IPP를 꺼리는 것은 시기상조"라며 "저도 교환학생과 IPP 때문에 졸업이 다소 늦춰지긴 했지만, 직무 관련 경험과 지식이란 강점을 살려 좋은 결과를 얻게 됐습니다. 후배분들도 학교에서 적극 도와주는 IPP 프로그램을 최대한 잘 이용해서 취업경쟁력을 높이길 희망한다"고 바람을 밝혔다.

3. IPP 경험으로 대기업 수시 채용에 합격한 사례

"IPP 참여 때, 직업군과 직무 명확히 해야 취업에 도움"

"많은 후배님들이 IPP(장기현장실습제)를 다녀왔으면 좋겠습니다. 특히 요즘은 취업시장이 수시채용으로 바뀌고 직무 경험을 가장 중요하게 생각하기 때문인데, IPP를 적극 활용해서 원하는 기업에 취업했으면 좋겠습니다."

메카트로닉스공학부 K씨(26). 그는 Applied Materials, ASML, 삼성전자 파운드리사업부 등 3곳을 모두 합격하고 최종적으로 삼성전자로 취업처를 선택, 조만간 신입사원으로 출근한다.

올해 상반기 6개월간 한국에너지기술연구원에서 IPP를 수행한 그는 지난해 '직무 경험'의 중요성을 실감했다. "20년 하반기에 자소서를 여러 곳에 제출하고 면접을 준비하며 직무 관련 경험이 정말 중요하다는 점을 느꼈습니다. IPP를 선택한 이유였죠."

그는 에너지기술연구원에서 건조실험 보조 및 실험장비 유지보수 업무를 담당했다. 기억에 남는 경험은 '클로렐라 건조장비의 셋업 및 실험'. "실험 준비와 실행에 많은 시간이 걸리고, 장비의 최적 가동조건을 찾는 것도 마찬가지였죠. 문제점을 사전에 확인해서 실험계획에 차질이 없도록 아이디어를 내서 개선했을 때 가장 뿌듯했습니다."

이러한 경험은 고스란히 Applied Materials, ASML, 삼성 등 모든 기업 면접 때 진가를 발휘했다.

"모든 응시 기업에서 IPP와 관련된 질문을 많이 받았습니다. '왜 인턴을 했냐', '인턴을 하면서 무엇을 했냐' 등을 비롯해 사용했던 장비에 대한 꼬리 질문이 이어지기도 했죠, 그래서 실제로 장비를 다루고 유지보수하는 실무경험을 쌓기 위해 IPP를 했다는 점을 강조하고 실제 경험도 적극 어필했습니다."

그는 에너지기술연구원에서 IPP를 할 때 현장에서 배운 내용과 박사들에게 질문한 내용 등을 자세히 기록해 두었기에, 면접 시 디테일한 업무수행 내용도 쉽게 대응할 수 있었다.

"특히 제가 장비를 유지, 보수하는 경험을 했으며 이러한 업무가 적성에 맞고 입사 후에도 잘 해낼 수 있다는 것을 어필했는데, 면접관님들이 좋은 반응을 보이셨습니다."

권씨는 3학년 겨울 방학 때부터 삼성전자 인턴을 준비하면서 반도체 기업 취업을 목표로 했는데, 취업한 선배들과의 멘토링도 도움이 되었다고. "재직한 선배들께 실제 무슨 일을 하며, 어떤 역량들이 요구되는지 등을 물어보고 파악하며 직무이해도를 간접적으로나마 쌓을 수 있었습니다. 만약 본인의 역량이 부족하다고 생각하면 이렇게 직무이해도를 높이는 방법도 좋은 전략이라 생각합니다."

더불어 IPP를 통해 장비 유지보수와 같은 실무경험뿐 아니라, 조직 생활에 대한 마인드를 터득한 것도 유익했다고 회고한다.

"열심히 하는 것보다 잘하는 것이 중요하다는 점을 배웠습니다. 실험계획법에 대한 조사를 맡았었는데, 처음엔 단순히 많은 자료를 보기 좋게 정리해 발표했지만, 박사님 코칭을 통해 실제로 해당 자료가 상대에게 도움이 되려면 어떻게 해야 할지를 생각하고 이를 토대로 리뉴얼을 하니 만족스런 결과를 얻게 되었습니다."

권씨는 IPP에 참여하는 후배들에게 "본인이 원하는 산업군과 직무, 이 두 가지를 확실히 정하고 IPP에 참여하는 게 좋다"고 권유한다.

"실습생 신분이라 중요한 일을 하지 않는데, 그렇다고 시킨 일만 하다 보면 얻는 게 없게 됩니다. 그러나 목표로 하는 산업군과 직무가 명확하다면, 자발적으로 실습 업무를 수행할 수 있게 되며, 업무가 아무리 작은 일이라 해도 면접이나 자소서에 적용하는 등 크게 활용할 수 있습니다."

더불어 그는 능동적인 마인드를 주문한다. "간단한 업무라도 누구보다 잘 해내겠다는 마음가짐으로 더 좋은 방법, 더 잘할 수 있는 방법을 고민하고 IPP를 수행하면 많은 것을 얻어 가리라 생각해요."

4. 면접에서 IPP 적극 어필, 삼성전자 합격 사례

"IPP 통한 풍부한 문제해결 역량, 실무경험 면접 때 적극 어필"

"모든 면접에서 실무경력에 대한 질문이 있었습니다. 삼성전자 인성면접, 직무면접과 더불어 최종 합격했던 ASML korea 1차, 2차 면접 때도 실무경력에 대한 질문이 다양하게 들어왔습니다. 그때마다 IPP를 통해 설비직무와 유사한 경험을 해봤다는 점을 많이 어필했습니다."

삼성전자 신입사원으로 출근하는 졸업예정자 기계공학부 Y씨의 말이다.

유씨는 올해 1월~6월까지 (주)케이씨텍에서 18기 IPP(Industry Professional Practice, 기업연계형 장기현장실습제)를 수행하고 여러 대기업에 도전장을 내민 끝에 삼성전자를 최종 선택했다.

케이씨텍에서 설비운영 직무를 담당했던 그는 졸업 전 풍부한 실무역량을 키워 채용시장에서 성과를 내기 위해 지난해 연말 IPP센터를 찾았고, 이러한 인연은 그의 취업에도 도움이 됐다.

IPP 기간 동안 기억에 남는 일은 설비 개조 및 개선을 통해 업무 효율성과 안정성을 높였던 사례다.

"책임님들과 Bead 교체 작업을 하던 중 중량물(약 30~35kg)을 다뤄야 하는 경우가 자주 있었는데 기존에도 중량물 작업이 쉽지 않아서 개선하려는 시도가 있었지만, 현실적 제약이 많았다고 하더군요. 저 역시 다양한 방법들을 생각해 보며 퇴근 후에 전공 때 배웠던 3D Modeling Tool을 기반으로 Inventor를 활용해 Simulation을 계속해보았죠. 그 결과 Mesh망과 Hole을 이용하여 개선할 수 있다는 결론을 내려 개선안을 만들어 팀장님께 제출했습니다."

팀장은 Y씨의 아이디어를 받아들여 업체를 통해 시범제작을 진행했다.

삼성전자 면접 과정에서도 이러한 IPP를 통한 다양한 실무경험이 주효했다.

"삼성전자 설비기술과 케이씨텍 설비운영이 비슷한 직무였기에 유사한 일을 해봤다는 점이 이번 합격에 큰 도움이 되었습니다. 업무 관점으로 보면 설비 PM(Preventive maintenance)업무, 공정 Data처리 업무 등이 있습니다. 또한

Issue 발생 시 현장 엔지니어 분들께 배운 다양한 해결 메커니즘을 면접관분들께 어필했던 점도 당락에 도움이 되었다고 생각합니다."

이와 더불어 힘든 상황이 있을 때 대처했던 방법, 팀장님께 인정받는 성과를 냈던 경험, 현장에서만 배울 수 있던 업무 노하우 등 다양한 부분을 어필했다고 한다.

"제 답변에 면접관님들이 꼬리질문과 압박질문을 여러 번 시도하셨는데 저는 제 실무경력에 대해 자신이 있었고 많은 준비를 했기에 좋은 결과를 본 것 같습니다."

그는 IPP가 '직무이해도'를 높이는 최상의 해법이라고 회고한다.

"사실 어떤 일이 적성에 맞는지는 직접 해봐야 한다고 생각해요. IPP 제도는 다양한 직무 중에 본인이 선택하여 6개월이라는 충분한 시간을 통해 경험하고 배울 기회를 주죠."

그는 "학교가 아닌 외부에서 인턴을 통해 이러한 경험을 쌓기란 쉽지 않은데, IPP는 보다 쉽게 이러한 기회를 제공해주는 좋은 제도라고 생각한다"면서 "어떠한 직무가 본인에게 맞는지 아닌지 확인해보고 경험하고 싶다면 IPP 제도를 꼭 추천드리고 싶다"고 말한다.

무엇보다 중요한 점은 본인의 '의지와 열정'이라고 유씨는 당부한다.

"모두가 IPP를 한다고 단순히 좋은 기업을 갈 수 있는 건 아니라 생각해요. 본인의 의지와 열정이 매우 중요하죠. 저 역시 인턴이라는 직급에도 불구하고 많은 것을 배우려 항상 최선을 다했습니다. IPP 기간 동안 욕심을 갖고 열심히 한다면 누구나 취업 혹은 그 외의 모든 방면에서 좋은 결과가 올 수 있다고 봅니다."

5. 직업훈련기관에 채용연계형으로 취업한 사례

"IPP 기간 긍정 마인드, '성장'과 '성과' 두 마리 토끼 잡는 법"

경기도 시흥시 서울대학로에 소재한 한국직업능력교육원은 1999년 (재)열린직업전문학교를 시초로 현재 서울, 인천, 군포, 안산, 시흥 등 서울, 경기지역에 6개의 지사를 두고 있는 23년의 전통을 자랑하는 우리나라 TOP 직업훈련기관이다.

매년 최우수 훈련기관으로 선정된 데 이어, 지난해에도 고용부 심사로 5년 인증우수 훈련기관이 됐다. 당시 기관 인증평가에 참여했던 구성원 중엔 한국기술교육대 산업경영학부 출신 IPP 실습생 K씨가 있다.

"작년 8~12월까지 IPP를 수행했는데, 인증평가를 잘 받기 위해 불철주야 고생하는 선배들의 행정업무 보조 역할을 하느라 분주히 뛰었던 게 기억납니다. 기관에 도움이 되는 인재로 약간이나마 기여했다는 보람이 있었죠."

이는 그의 잠재력에서 빙산의 일각이었다. 디지털 마케팅 업무를 수행한 김씨는 1,400명에 불과했던 기관의 유튜브 채널 구독자를 5천 명으로 끌어올리자는 목표를 설정하고 팀원들과 매진했다.

"경영학을 전공한 저는 '고객 관점에서 시장에 접근하라'는 원칙을 갖고 콘텐츠 기획과 더불어 썸네일, 키워드 등 개발과 아울러 시간대별 및 인구통계학적 특성 등을 분석하며 마케팅 전략을 짰죠."

2020년 12월 HRD-NET(고용부의 내일배움카드 및 교육신청 사이트)사이트 개편에 맞춰 '내일배움카드 시리즈' 3편을 만들어 유튜브 채널에 홍보했다. 그 결과 13만 회의 조회수와 2,000명의 구독자를 확보, 현재 한국직업능력교육원 유튜브 채널 구독자는 5,200명에 달한다.

"고객 정보에 기반한 철저한 분석과 기관과의 연계성을 살릴 콘텐츠를 제작하면 진입장벽이 높은 시장도 충분히 공략할 수 있다는 확신을 가졌습니다."

그는 1년의 휴학 기간에 한기대 부속기관인 능력개발교육원에서 근로장학생 활동을 한 경험이 있다. 직업훈련교사 교육 행정 및 상담 업무를 했던 점은 그를 자연스럽게 '직업훈련기관 IPP'로 발걸음을 내딛게 하는 자양분이 됐다.

"취업을 준비하는 과정에서 스펙업이 필요할지 실무경험이 필요할지 고민하다가 코로나 펜데믹이 지속됨에 따라, 디지털 마케팅이라는, 제가 원하는 직무를 수행할 곳을 찾다가 IPP센터를 통해 한국직업능력교육원과 인연을 맺게 됐죠."

채용연계형 IPP를 수행한 그는 올해 2월부터 총괄본부에서 정 직원으로 근무 중. IPP 기간뿐 아니라 채용 후에도 뛰어난 업무수행 능력을 인정받아 현재 신사업 실무책임자 역할을 하는 '핵심인재군'이다.

"무엇보다 직무역량을 강화해 해당 업종에 대한 실력을 키워나가자는 생각이 강했습니다. 높은 연봉이나 안정된 워라벨도 중요하지만, 자신의 수준을 한 차원 끌어 올릴 곳을 선택하는 게 중요하죠. 저에겐 IPP가 최적의 대안이었죠."

그는 채용연계형 IPP에 대해 "실습 기간에 수행하는 업무를 채용 후에도 지속, 더욱 능동적인 업무태도를 갖게 하는 장점이 있다"면서 "선택한 직무에서 역량을 발휘해보겠다는 의지로 IPP에 참여하면 큰 결실이 돌아옴을 몸소 체험했다"고 강조했다.

그는 IPP 출신 직원의 장점은 '업무 대처능력'이라고 말한다.

"직무수행 사전 경험이 있어 타 채용경로로 입사한 직원보다 업무 대처능력과 흐름에 대한 이해도가 훨씬 나을 수밖에 없죠. 하지만 어느 정도 적응 기간을 거치면 비슷해질 수 있어 지속적인 자기 계발이 중요하다고 생각해요."

그는 IPP에 참여하려는 대학 후배들에게 "IPP는 어떻게 활용하느냐에 따라 큰 메리트가 있을 수도, 반대로 소중한 시간을 날릴 수도 있다"면서 "IPP를 통해 자신이 얻을 가치가 무엇인지 성찰하고 피드백하는 과정을 반복한다면 충분히 즐거운 IPP 실습 생활을 할 것"이라고 조언했다.

마지막으로 그는 '긍정적인 마인드'를 새삼 강조했다.

"힘들고 어려운 업무가 생길 수 있지만, 내가 성장하는 데 도움이 되는 다양한 인사이트와 성장 요소를 포함하고 있다고 여기고 도전하는 자세를 가지면 좋겠습니다. 긍정적인 태도만 있다면 '자기 성장'과 '업무성과' 두 마리 토끼를 모두 잡을 것입니다

6. 자동차 연구동아리 경험 살려 IPP 후 취업 사례

"자동차 동아리 활동, 경력개발 위한 '채용연계 IPP'로 이어졌죠."

지난 2020년 7~12월까지 6개월간 충남 아산에 위치한 (주)태영금속에서 '채용연계형 IPP'를 수행하고 정직원으로 채용된 기계공학부 출신 J씨.

자동차 부품소재 전문기업인 (주)태영금속은 자동차사업부(아산)와 플라즈마사업부(천안)를 두고 있으며, 진 씨는 프레스자동화, 플라즈마 등 다양한 분야의 개발업무를 하는 연구원으로 일하고 있다.

그가 자동차 관련 기업에서 IPP를 수행하고 현재 연구원으로 활동하게 된 데는 학부 시절 기계공학부의 대표 자동차 연구동아리인 '드리븐(Driven)'팀에서 활동한 점이 작용했다.

드리븐팀은 2017년 '대학생 자작자동차대회'에서 장려상을, 2018년 국제 대학생 창작자동차경진대회'에서 하이브리드 부문과 전기차 부문의 동상을 차지했다.

"드리븐팀에서 2016~2018년까지 활동하면서 자동차 제작과 용접, 주행 등 다양한 경험을 해보면서 자동차 분야에 대한 흥미와 관심을 쌓아왔습니다. 4학년 1학기 때 진로에 대한 고민을 하다가, 졸업 전 직무 경험도 쌓고 경력개발을 위해 IPP센터를 방문했죠."

더구나 '채용연계형'이라 IPP를 마치면 취업할 수 있다는 점도 매력적으로 다가왔다. "취업이 어려운 시기에 직무 경험도 쌓고 안정적으로 해당 기업에 취업할 수 있다는 점도, 학점이 그리 높지 않은 저에게는 좋은 경력 선택이 될 거란 기대감이 컸습니다."

IPP 시절 품질관리 직무를 담당했던 그는, 선배 사원들과 함께 생산부에서 나온 제품의 품질 보증, 양품(良品) 관리, 불량품 대응 등의 업무를 했다.

"프레스, 용접으로 금속을 가공해 납품하는 기업에서 품질관리 업무를 맡으면서 기존에 갖고 있던 전공지식이 실제 업무 프로세스에서 어떻게 적용되고 활용되는지를 체험하는 좋은 기회가 됐습니다."

또한 크고 작은 업무 과정을 관찰하면서, 품질관리를 위해 기본과 원칙을 지키고 구성원 간 원활한 의사소통이 중요하다는 점도 배우게 됐다고.

"실습생 신분이지만 단순히 시키는 일만 하는 데 그치지 않고, 회사가 어떤 시스템으로 운영되는지 파악하고, 이익이 되고 손해가 되는 점은 무엇인지 등 문제해결을 위한 적극적인 자세가 중요하다는 점도 몸소 느꼈습니다."

현재 그는 연구소에서 '3D 설계' 프로그램 운영을 맡고 있다. 정직원 채용 전부터 진행되고 있는 프로젝트뿐 아니라 공기청정기 개발 등 새 사업 분야에서도 이 프로그램을 활용하고 있다. 이도 학부 시절 드리븐팀에서 3D 설계 직무를 풍부히 수행한 경력이 주효했다.

"전기전자 분야의 생산인력, 대학 교수 등 전문가분들과 연구 미팅도 하고 협력하면서 해당 분야의 지식을 더 많이 쌓는 점에 보람을 느낍니다. IPP가 취업뿐 아니라 업무 능력 향상에도 큰 도움이 된 것 같습니다."

J씨는 "IPP가 아니었다면 여전히 취업 준비를 하고 있지 않을까 한다"면서 "우리 대학의 역량을 알고 기업에서도 IPP에 참여하여 채용한 만큼, 저에 대한 기대감이 큰 것 같습니다. 맡은 일을 더 잘해서 핵심 인재가 될 것"이라고 포부를 밝혔다.

그는 대학 후배들에게 "IPP를 통해 기업 조직의 '막내' 역할을 해보게 되는데 이는 취업을 해도 마찬가지인 만큼, IPP는 미리 이런 체험을 하고 조직 분위기와 풍토, 문화를 배우는 장점이 있다"고 설명했다.

7. 채용연계형 IPP로 중견기업 취업 성공 사례

"자신의 실무능력 의심, 중견기업 IPP 도전해 결실 맺었죠"

경기도 화성에 소재한 (주)글로벌스탠다드 테크놀로지(GST). 종업원 600여 명에 연간 매출액 1,700억 원 규모의 중견기업 GST는 반도체와 디스플레이 제조공정에서 발생하는 배출가스를 정화하는 장비 등을 주력 생산하는 기업이다.

S씨(에너지신소재화학공학부)는 지난 2020년 7~12월까지 '채용연계형 IPP'를 수행하고 올해 1월부터 정식 사원으로 근무 중이다.

그는 졸업유예신청을 하고 지난해 봄부터 대기업과 공공기관에 도전하다 IPP로 방향을 선회했다.

"나름대로 화학공학 분야 공부를 열심히 해왔다고 생각했습니다. 그런데 실제로 현장에서 성과를 낼 만한 실무 역량을 진정 갖고 있는지 강한 의구심이 들었습니다. 기업에서 저 같은 사람을 채용할 이유가 있을까? 나 같은 사람에게 월급을 줄까? 하는 생각이었죠. 정신이 번쩍 들었죠."

IPP에 도전한 이유다. 실질적인 현장 실무능력을 쌓는 것이 직장 생활을 제대로 할 수 있는 무기라는 생각이었다. 다행히 IPP센터에서 수도권의 중견기업을 매칭시켜 준 덕에 자신의 실무 역량을 두텁게 쌓을 기회를 얻었다.

IPP 기간 중 그는 스크러버(Scrubber. 배출가스 정화 장비)의 최적화를 위해 연료 비율을 측정하고 테스트를 하면서 개선점을 찾는 등의 업무를 수행했다.

"IPP를 두 달쯤 한 후에, 제가 학습한 내용을 임원님 앞에서 발표한 적이 있었습니다. 나름대로 열심히 준비해서 프레젠테이션을 했는데, 전무님이 '앞으로 고객사 대상 발표가 있으면 경민 학생을 내세워라'고 하셨죠. 무언가 열심히 노력한 보답을 받은 느낌이었습니다."

작년 말부터 선배 사원과 함께 장비 프로젝트를 시작했다.

"실험과 관리 등 하나씩 업무를 배워가면서 해당 장비가 실제로 회사의 라인에 적용될 수 있게 하려고 설계, 실험, 제작, 영업 등에 참여했는데, 이러한 경험이 '채용연계형'이던 저를 회사에 입사하게 만든 결정적인 계기가 됐죠.

그는 IPP를 통해 전공역량뿐 아니라 조직 풍토의 체험과 구성원으로서의 마음가짐 등도 배웠다.

"처음에는 조직 생활을 잘 몰라서 선배 사원들로부터 오해를 받기도 했는데, 대학과 사회생활은 다르다는 점을 체험을 통해 많이 배우고 개선하게 됐습니다."

다른 채용제도를 통해 입사한 직원과 IPP 출신 직원과의 비교에 대해 S씨는 "중요한 점은 본인이 어떻게 대처하는지가 중요하겠지만, 저와 같은 경우는 정식 입사 전에 회사에 대해 파악했고, 업무숙련 측면에서도 물건이 어디에 있고 일이 어떻게 진행되는지를 알기 때문에 디테일한 부분에서 차이가 있을 것"이라고 말했다.

S씨는 한국기술교육대 후배들에게 "본인의 능력이 우수해서 대기업이나 공기업에 취업하는 경우를 제외하고는, IPP라는 경험을 통해 자신이 원하는 분야를 경험하고 도전하는 것이 필요할 것 같다"며 IPP를 적극 추천했다.

"어차피 교육생 신분인 만큼 직접 부딪히다 보면 다양한 능력을 쌓을 수 있고, 가능하다면 실습 기관에 채용되는 것도 매우 소중한 결실이 될 것으로 생각합니다."

8. 중견 건축설계 기업과 끈끈한 IPP로 취업 성공 사례

"IPP로 진로 탐색 주효, '경력직 같은 사원'으로 조기 취업도 성공 "

수원지역을 대표하는, 건축설계 및 컨설팅 전문기업인 ㈜마루엔지니어링 건축사무소에서 정식 직원으로 근무하는 K씨(건축공학과 2021년 2월 졸업생). 그는 1년이 훨씬 넘는 기간 동안 이 회사와 끈끈한 인연을 맺어온 인물이다.

2019년 2학기(8월~이듬해 1월)에 이곳에서 6개월간 IPP(장기현장실습)를 수행하고 5학년 때인 지난해에는 방학 기간 중 아르바이트로 일손을 돕는 등 꾸준히 '준사원' 역할을 해왔기 때문이다.

4학년이던 2019년 봄, 수원이 집인 그는 학과 선배가 이곳에서 IPP를 했다는 정보를 얻고 직접 자신의 경력을 쌓아보고자 대표에게 연락을 취해 만남을 가졌다. 하반기부터 IPP를 해보고 싶다는 의사를 피력하자 대표는 그의 적극적인 자세와 열정을 인정해 흔쾌히 수락했다. 이후 IPP센터 교수님과의 상담을 통해 8월부터 이듬해 1월까지 IPP를 수행했다. 경력 개발에 대한 주도면밀함과 적극성은 그의 '조기 취업'을 만든 원동력이 됐다.

"아버님도 건축업을 하시고 친형님도 건축 분야에 종사하고 있는 가정환경 탓에, 건축에 흥미를 느껴 한국기술교육대 건축공학과에 진학했습니다. 무엇보다 타 대학에 비해 우수한 실습환경과 갖가지 실습 지원 혜택 등을 해주는 점이 좋았기 때문이죠."

그는 IPP를 시작해 1개월간은 건축설계 직무 기초 교육을 받은 후 곧바로 프로젝트에 참여했다. 경찰서, 학교, 체육관 등 그가 6개월간 소화한 설계 프로젝트는 4건이나 된다.

"실무 경험이 별로 없는 제게 연달아 일감을 맡겨 주신 덕에, 당연히 시행착오는 있었지만, 전공 능력 향상과 자아 성찰을 하는 큰 계기가 됐습니다."

특히 전공역량을 높인 건 값진 선물이었다. "대학에서도 기획설계를 하고 이론도 많이 배우지만, 실제 현업에서 배우는 것과 비교하면 엄청난 차이가 있다는 걸 알게 됐습니다. 6개월간 배운 건축설계를 비롯한 전반적인 업무 내용은 대학 때

2, 3년간 배운 것보다 더 많았습니다."

또한 IPP는 자신의 적성을 탐색하고 확인하는 데 소중한 기회가 됐다고 그는 회고한다. "아버님이 근무하시는 시공회사에서도 일해보고, 건설 현장에서 소위 막노동도 해봤습니다. 수백 가지 직종으로 나뉘는 건축 분야 업무를 몸소 체험해 보기 위해서였죠. 그런데 건축사무소에서의 IPP 경험은 정말로 제가 졸업하고 직업으로 삼을 수 있는지, 적성과 능력에 맞는 건지를 점검하고 확인해 볼 수 있는 절호의 기회였습니다."

IPP는 비단 전공역량에만 도움을 준 게 아니었다. 조직 생활과 더불어 수많은 클라이언트를 상대해 봄으로써 대인관계 능력을 향상시킬 수 있었다고.

"다양한 태도와 인성의 고객을 접하면서 참을성도 기르고 성향에 따라 어떻게 대응하는 게 좋은지 등 노하우를 쌓은 것도 사회생활에 많은 도움을 주었습니다."

결국 성실한 업무태도와 업무수행 능력 등을 관찰한 이 회사 대표는 지난해 겨울 김 씨에게 정규직 입사를 제안했고, 김 씨는 자신을 성장시켜준 기업에 '경력직 같은 신입 직원'으로 취업하게 됐다.

김 씨가 일하는 건축사무소는 업종의 특성상 공채보다는 추천채용이나 수시채용이 많다. 그런 경로로 입사한 직원과 IPP를 경험하고 입사한 김 씨는 어떤 차이점이 있을까?

"아무래도 긴 기간 동안 건축설계 업무를 수행해 본 제가 조직에도 빨리 적응하고 업무처리와 대응도 잘하는 것을 느낄 수 있었습니다. 이미 학생 때 웬만한 조직 생활의 이슈들을 체험했기 때문이겠죠."

그는 IPP 참여를 희망하거나 주저하는 후배들에게 "IPP는 대학의 보호 아래 현장실습 교육을 수행하면서, 자신이 선택한 분야가 적성에 맞는지를 파악해 볼 수 있는 좋은 기회인 만큼 분명 도움이 될 진로 선택의 기준점"이라고 힘주어 말했다.

9. 3학년 때부터 IPP 준비, 코로나19 상황서 취업 성공 사례

"코로나19로 어려운 시기, IPP로 실습도 하고 취업도 성공"

서울 강남구 논현역 인근에 소재한 서린정보기술은 올해 설립 15년을 맞는 IT 서비스 전문기업으로서 부산지사와 울산사무소를 두고 있는 중소기업이다.

이곳에서 지난 2020년 7월부터 '채용연계형 IPP'로 장기현장실습을 시작한 컴퓨터공학부 H씨는 4개월간의 IPP를 마치자마자 11월에 정식 사원으로 채용됐다.

그가 IPP를 하면서 실습한 업무는 경영자 정보시스템 구축 프로젝트. 이미 선배 사원들이 착수한 프로젝트에 합류한 것.

처음에 선배들은 '현장실습 대학생이니 그냥 잘하는지 보자'는 심산이었다.
하지만 프로젝트가 마무리될 즈음 선배들이 H씨를 바라보는 시선이 달라졌다.
그가 선배들의 기우를 씻어낼 만큼 프로젝트 수행에 큰 역할을 해냈기 때문이다.

그는 "IPP가 학교에서 배운 이론 등을 활용하고, 유저들이 원하는 프로그램과 전체적인 프로세스를 이해하고 기업 구성원으로 성장하는 데 큰 도움이 됐다"고 회고한다.

그는 3학년 2학기 때부터 IPP를 준비했다. "기업에서는 IT 관련 사업을 어떻게 진행하고 업무 프로세스는 어떻게 진행되는지 직접 체험해 보고 싶었습니다. 또한 좋은 기업과 인연이 되면 취업 문제도 해결될 수 있지 않겠나 하는 기대감도 있었구요."

그가 바란 대로, IPP센터 컴퓨터공학부 전담 교수의 추천으로 4학년 2학기에 채용연계형 IPP로 장기현장실습을 수행한 그는 졸업도 하기 전에 '취업'이란 결실을 맺었다. "코로나19로 청년 취업이 어려운 상황에서, 제게 적합한 중소기업에서 현장실습도 경험하고 취업에도 안착할 수 있어 매우 다행이죠."

그는 IPP를 통해 전공역량을 강화한 것도 좋았지만, 기업문화의 이해 등 소프트스킬을 함양한 것에 더 무게를 둔다.

"상사와 선배들과의 커뮤니케이션 방법을 비롯해 기업문화, 업무 체계 등을 충실히 배운 점이 보람됐습니다. 학교 강의실에서는 배울 수 없는 기업의 풍토와 정서 등을 체득할 수 있었던 건 IPP 프로그램이 주는 큰 매력이 아닐까 해요."

서린정보기술도 최신 인력 채용 트랜드에 맞게 수시채용으로 인력을 뽑는 경우가 많다고 한다. 필요한 인력을 필요한 시기에 바로 선발해 투입하는 것이다.

H씨는 "저와 비슷한 시기에 수시채용으로 입사한 직원은 타 부서에 근무하기 때문에 직접적인 비교평가가 어렵지만, 아무래도 저는 4개월간 기업문화도 익히고 실제 업무도 해봤기 때문에 조직 적응력이나 업무 이해도가 상대적으로 낫지 않을까 생각한다"고 말한다.

H씨는 IPP에 참여하려는 후배들에게 "우리 대학이 지역에 소재해 있는 만큼, IPP 체험을 통해 기업정보와 문화 및 전공지식과 소프트스킬을 배울 수 있는 점이 큰 장점"이라며 "IPP를 경력개발에 최대한 활용하면 좋을 것"이라고 말한다.

이어 그는 "업무를 더 많이 배워서 프로젝트 기획과 설계를 혼자 이끌어갈 수 있는, 역량 있는 인재가 되고 싶다"고 바람을 밝혔다.

10. 기계공학 출신인데도 포스코건설에 취업 성공한 사례

"IPP는 대학 생활의 끝이 아니라 세상을 향한 새로운 시작"

2020년 7월부터 12월까지 광주광역시 포스코건설 염주주공아파트 재건축공사 현장의 기계팀에서 채용연계형 IPP를 수행했던 K씨. 그는 올해 1월부터 정직원(기계기사)으로 채용돼 근무하고 있다.

기계공학부 출신이 대형 건설기업에서 장기현장실습을 수행한 이유는 무엇일까?

"기계공학부 학부 교육을 이수했지만, 평소 건설업에 큰 관심을 갖고 있었습니다. 건설 현장의 업무를 직접 부딪치며 경험해 보고, 건물이 한 층 한 층 올라가는 가시적인 성과를 보며 보람을 느껴보고 싶었죠."

또 그는 관리감독자, 감리 등 다양한 업무에 종사하는 사람들과 함께 일하며, 대인관계와 사회를 보는 시각을 넓히고 싶었다고 한다. 활달한 성격과 친근한 매너를 갖춘 K씨는 재학생 시절 대학의 장점과 성과를 알리는 '홍보대사'를 하기도 했다.

그는 6개월간의 IPP과정에서 기계설비기사 직무를 수행했다. "건축기계설비와 소방기계설비 두 가지 설비 분야 업무를 경험했습니다." 설비시공의 관리감독자 역할을 맡아 시공 후 시공 및 감리 검측, 건축 공정 상황에 따른 기계설비 공정, Cycle 설정 및 시공에 필요한 각종 자재 관련 서류 작성, 시공에 적합한 업체 비교분석, 각종 도면 작성 및 검토 등등 재학생이 감당하기 쉽지 않은 일이었지만 원활히 소화해 냈다.

그에게 기억이 남는 경험은 '시공토론회' 준비와 진행이다. "해외 포스코건설 현장의 기계 분야 시공토론회를 제가 일하는 현장에서 진행했는데, 상당히 긴 시간 공을 들여 토론 자료를 작성했고, 회의를 무사히 마치게 돼서 무척 보람 있었죠."

더불어 건물이 10층 높이로 올라갈 때, 본인이 검측했던 부분이 실제 배관으로 시공되고, 수압 및 기압 시험에서도 정상 작동하는 것을 직접 눈으로 볼 때도 감격스러웠다고.

그는 '채용연계형'이었지만 반신반의했다. "코로나19로 인해 변수도 많고 해서 채용에 대한 확신은 없었습니다. 그저 주어진 일에 최선을 다하고 배우는 자세로 일하자는 마음으로 IPP에 임했을 뿐입니다."

K씨는 현장에 나갈 때 기계설비 관련 서적과 시공 도면을 들고 갔다. 무거운 책자를 들고 다니는 게 불편하긴 했지만 모르는 점을 바로바로 파악할 수 있었다. 또한 퇴근 후에는 건축기계설비와 소방설비를 공부하는 열정을 보였다. 이러한 태도는 자연스럽게 '채용'이란 결실을 맺어주었다.

"공부를 하고 출근했을 때 한두 가지씩 눈에 들어오는 것들이 신기했습니다. 궁금한 점은 바로 작업자분께 조언을 구하거나 선임 기사와 부장님, 감리 등에게도 질문하며 학습을 했습니다."

그는 IPP가 준 장점을 '조직에 대한 이해와 마인드 향상'이라고 단언한다. "회사마다 특징적으로 하는 프로세스가 있는데, 현장도 마찬가지입니다. 포스코건설은 전산을 사용하는데 모든 작업자와 관리감독자가 공유하는 프로세스도 있습니다. 이에 대한 기본적 이해가 깔려 있다면 업무수행에 훨씬 유리하지요."

그는 이어 "회사 조직의 풍토와 정서, 문화를 미리 경험하고 인간관계를 배울 수 있다는 점 등이 IPP가 주는 매력이라고 생각한다"고 말했다.
마지막으로 IPP에 참여코자 하는 후배들에게 "단순히 졸업 요건을 채우려는 목적보다는 자신이 배우고 싶은 분야, 열정을 불태울 수 있는 기업 등 평소 관심 있는 분야의 IPP에 지원하는 것을 추천한다"면서 "6개월이 끝이 아니라 새로운 시작점이라는 생각으로 IPP를 선택하면 좋을 것"이라고 힘주어 말했다.

11. IPP 경험 활용해 공기업 합격 성공 사례

"취업 시 차별화된 강점 어필하려면, IPP가 최대 무기"

한국중부발전 서천 건설본부에서 근무 중인 메카트로닉스공학부 졸업생 K씨. 그는 2019년 공채 시험에 130대 1의 막강한 경쟁률을 뚫고 입사했다. 그의 취업 성공 배경에는 평균 4.3의 높은 학점과 '공기업 취업'이라는 뚜렷한 목표가 있었다. 하지만 그는 "IPP 경험이 가장 큰 원동력이 됐다"고 힘주어 말한다.

4학년 2학기 때이던 2018년 하반기. 그는 생산기술연구원에서 6개월간 IPP를 수행했다. "재학시절 공기업 취업을 목표로 삼았습니다. 그래서 IPP도 공기업이나 공공기관에서 하고 싶었죠. 그곳의 분위기나 업무 스타일, 더불어 조직 생활에 필요한 예절 등을 체험해 보고 싶었죠."

그는 에너지 관련 공기업에서 일하고 싶었는데 IPP센터 교수는 그를 생산기술연구원과 매칭시켜 주었다. "생산기술연구원만큼 에너지 분야에 대한 현장실습 경험을 쌓을 수 있는 곳이 많지 않은데, 센터 교수님께서 적극적으로 연결해주신 덕분에 좋은 데서 IPP를 하게 됐고, 이는 저의 취업역량 강화에 큰 힘이 됐습니다."

IPP를 통해 기체연료, 고체연료 등이 연소할 때의 특성과 전반적인 프로세스를 체험해 본 경험은, 한국중부발전 공채 응모 시 자기소개서와 직무경험기술서의 내용을 풍부하게 채우는 데 도움이 되었고 면접에서도 자신감 있게 본인의 역량을 어필하는 데 주효했다.

"IPP 때 월간 실습보고서를 작성한 것도 채용 준비과정에서 힘이 됐습니다. 세부적인 실습 업무 내용을 기록함으로써, 전공 및 실습 관련 지식을 함양하게 됐고 자소서를 쓸 때 도움이 됐죠."

IPP 경험은 취업 후 회사생활 적응에도 빛을 냈다. "공기업에서의 IPP 경험은 회사 조직을 이해하고 쉽게 적응하는 데도 도움이 됐습니다. 공공기관의 분위기와 특성, 인간관계, 의사소통 스타일 등을 경험해 봤기 때문이죠. 또 발전회사 직무수행에 필요한 실무적인 기초 지식을 갖고 입사하니, 업무수행에도 도움이 컸죠."

요즘 인사 채용 트렌드를 반영하듯, 그와 함께 입사한 직원들도 대부분 '현장 인턴' 경험이 있다고 했다.

"학점이나 스펙 등은 이미 상향평준화되고 있습니다. 남들과 차별화된 점을 보여주려면 직무 경험과 같이 정성적으로 기술할 수 있는 실무적인 지식이 중요하죠. 그래서 한국기술교육대 재학생들이 IPP에 적극적으로 참여했으면 합니다."

실제로 학교 동기생들 중 아직 미취업 상태에 있는 이들은 IPP에 참여하지 못한 점을 후회한다고.

그는 "단기현장실습을 갈 바에야 4~6개월간의 IPP를 다녀오는 게 취업역량 강화에 수십 배는 효과가 더 크다"고 강조하는가 하면 "학부 커리큘럼에서 산업 현장에서 실제로 쓰이는 기초 지식을 좀 더 탄탄하게 다질 기회를 학생들에게 제공하면 좋을 것"이라고 당부했다.

참고 문헌

- 교육부·한국연구재단(2020), '2018 대학 산학협력활동 조사보고서
- 김동태(2018), 공학계열 장기현장실습습(IPP) 참여자 반응 및 행태분석, 실천공학교육논문지, 10(2), 131-137.
- 김우승(2015), 현장실습의 과거, 현재, 미래: 장기현장실습 활성화를 위한 정책토론회. 2015. 05. 21.
- 김지영(2015), 인턴십 프로그램 경험이 대학생 진로발달에 영향을 미치는 요인에 관한 질적 사례연구. 직업교육연구, 34(2), 75-108.
- 김향아(2013), 국내 기업의 채용관행 변화 실태와 개선과제 대졸 인턴제를 중심으로. 세종: 한국노동연구원
- 나명엽(2012). 인턴사원제도가 조직사회화와 개인-조직가치일치 및 성과에 미치는 효과에 대한 연구. 박사학위논문. 전남대학교 대학원.
- 남재량·이규용·주무연(2009), 청년고용문제 해소를 위한 인턴쉽 제도 연구. 세종: 한국노동연구원.
- 남재우·최영근(2020), 대학생의 현장실습교육이 진로탐색에 미치는 영향: 진취성의 조절효과, 융합정보논문지 제10권 제5호, 101-110.
- 남화성·유미선(2018). IPP (장기현장실습) 프로그램의 효과 분석: K 대학교 핵심역량을 중심으로. 청소년학연구, 25(3), 129-157.
- 노민선(2020). 중소기업 산학협력 인력양성사업의 성과 영향요인 분석과 정책과제. 중소기업연구원, 정책연구 19-26호. 세종: 한국노동연구원.
- 류장수(2015). 청년인턴제의 성과 분석. 월간 노동리뷰, 2015년 7월호, 한국노동연구원, 31-45.
- 박성익·류장수·김종한·조장식(2016), 중소기업 청년인턴 취업자의 재직기간 분석. 한국데이터정보과학회지, 27(2), 285-294.
- 배성숙(2018). 기업의 채용선발 도구로서 인적성 검사와 NCS 직무능력평가에 관한 비교연구. 기업경영리뷰, 9(3), 103-121.
- 사람인 기업연구소(2019). http://www.saramin.co.kr/zf_user/companylab 에서 인출.
- 성필석·김영필·김양균(2018). 중소기업의 일자리 창출 활성화를 위한 전략적 방안에 관한 연구. 취업진로연구, 8(1), 91-114.
- 송윤희(2017), 대학생의 현장실습교육 경험에 따른 의사소통능력, 대인관계능력 및 융합역

량 비교, 융합정보논문지 제7권 제 3호, 147-152.

◆ 안준용(2008). 현장실습에 관한 실증적 연구. 한국철도대학논문집, 23. 1-17.

◆ 엄기용(2019). 코리아텍 졸업생을 대상으로 한 IPP의 장기적 효과성 분석 연구. 코리아텍 IPP센터. 천안: 한국기술교육대학교

◆ 엄기용·이병렬·이지영·박언주·황의택(2020), 한국기술교육대학교 IPP 운영 및 고용성과에 관한 연구. 한국기술교육대학교 IPP센터

◆ 오창헌·하준홍·김남호·이문수(2011). 산학관을 연계한 장기현장실습 대학교육 모델. 실천공학교육논문지, 3(2), 128-135.

◆ 오창헌·하준홍·김남호·이문수(2011). 대학의 산학협력교육(Co-op) 모델 사례연구 및 확산 방안. 한국기술교육대학교 연구보고서.

◆ 유지원·송윤희(2017), 대학생의 현장실습교육 경험 유무 집단에 따른 실무역량, 진로탄력성, 진로통찰력, 진로정체성의 잠재평균 비교, 진로교육연구, 30(1), 181-200.

◆ 윤명희·김진화·김현희·박성실(2006). 대학의 산학협동 인턴십 프로그램 평가. 직업교육연구, 25(3), 183-206.

◆ 윤영돈, 채용트렌드 2020, 비전코리아.

◆ 이경미·홍아정(2011). 인턴십을 통한 대학생의 경력탐색과정과 경력인식의 분석과 함의. 직업교육연구, 30(3), 241-266.

◆ 이병철(2020). 대기업의 채용실태를 살핀다-토론문, 교육의 봄 포럼, 2020. 11. 18,

◆ 이석문·정연구(2017). 장기현장실습을 통한 연계취업 활성화 방안 연구: 금오공과대학교 외 3개대학 사례를 중심으로. 실천공학교육논문지, 9(1), 31-39.

◆ 이영선·장환영·안홍선·권현지(2020). 현장실습 참여 대학생의 경험과 인식에 관한 질적 연구. 상업교육연구, 34(2), 1-28.

◆ 이요행(2020). 업종별 채용동향과 청년 취업준비 실태, 교육의 봄 포럼, 2020.11.11.

◆ 이재영·엄재근(2016). 한국기업의 채용평가와 직무성과의 관계성에 관한 사례분석. 국제지역연구, 20(4), pp. 163-184.

◆ 이종구·김병기(2008). 한국기업의 인턴사원제도의 사적 전개과정과 시대별 특성 비교분석에 관한 탐색적 연구. 경영사연구, 23(3), 261-298.

◆ 이종구·김홍유(2010). 한국 공채문화의 사적 전개과정과 시대별 특성 비교분석에 관한 탐색적 연구. 한국경영사학회, 25(2), 215-246.

◆ 이종찬·이종구(2018). 한국 채용제도의 변화과정과 시기별 특징 비교분석 연구: 스펙중심 채용. NCS 기반채용, 블라인드채용을 중심으로. 경영사연구, 33(4), 129-155.

- 이지영·이상곤(2018). 장기현장실습 프로그램의 만족도 영향요인 탐색: K대학 IPP프로그램을 중심으로. 공학교육연구, 21(5), 43-56.
- 이지영·이상곤(2019). 장기현장실습에서의 직무특성, 실습만족, 교육성과간의 구조적 관계 분석. 학습자중심교과교육학회, 19(6), 7-31.
- 잡코리아 홈페이지(2020). http://www.jobkorea.co.kr/goodjob/tip
- 장후은·허선영·이종호(2017). 대학의 현장실습 운영 실태 및 정책 과제. 한국산학기술학회 논문지, 18(2), 493-500.
- 정범구·이재근(2002). 채용방식과 채용 후 직무태도의 관련성에 관한 연구. 인적자원개발 연구, 4(2), 129-158.
- 조성혜(2017). 인턴십의 양극화와 정부의 인턴 보호 지침. 노동법논총, 40, 395-444.
- 조세홍·장명희·홍은선(2019). 대학생의 장기현장실습 관련 요인과 고용가능성의 관계. 직업 교육연구, 38(6), 23-46.
- 조준영(2021). '최근 채용 이슈로 보는 제도개선 및 실무 적용 포인트'. 한국인사관리협회 주관 국내기업 채용사례 발표회.
- 주인중·이봉재(2019). 대학 재학 중 현장실습 참여 특성이 직장·직무만족도 및 수준 적합도에 미치는 영향. 직업교육연구, 38(6), 65-87.
- 중소기업중앙회(2020). 중소기업 취업 관련 청년층 인식조사(2020.8.24.), https://www.kbiz.or.kr/ko/contents/bbs/view.do?seq=148382&mnSeq=207 에서 인출.
- 최수빈·지형주·김상준. (2018). 교육에서 고용으로: 인턴십의 사후적 의미변화 과정 고찰. 경영학연구, 47(4), 837-864.
- 최애경(2010). 대학생 기업인턴십 현황과 과제. 상업교육연구, 24(2), 23-47.
- 한국기술교육대학교(2019). 2019년 졸업생/기업체 실태조사. 천안: 한국과학기술대학교.
- 한지영·방재현(2014). 인턴십 및 현장실습을 위한 관리 시스템 모형 개발. 공학교육연구, 17(3), 42-50.
- 황의택·류준열·이춘우(2017). 공채, 연고추천채용 및 인턴제와의 비교를 통한 장기현장실습제의 채용효과 연구: 중소·중견기업 인력채용제도로서의 적합성 탐색. 인적자원개발 연구, 20(1), 51-94.
- 황의택·이춘우·류준열(2016). 중소기업 인력채용 방안으로서의 장기현장실습제도(Co-op: Cooperative Education Program)의 국내외 운영사례의 시사점과 정책적 과제. 중소기업연구, 38(1), 49-85.
- 황의택(2015). 장기현장실습제도를 통한 인력채용 효과 연구. 박사학위논문. 서울시립대학교.

- 황의택(2020). 소설로 배우는 장기현장실습제, 도서출판 타래.
- 한국기술교육대 홈페이지 'KOREATECH NEWS' http://webzine.koreatech.ac.kr/newshome/mtnmain.php
- Blair, B. F., Millea, M., & Hammer, J. (2004). The impact of cooperative education on academic performance and compensation of engineering majors. *Journal of Engineering Education*, *93*(4), 333–338.
- Braunstein, G. D. (1999). Aromatase and gynecomastia. *Endocrine-related cancer, 6*(2), 315–324.
- Breaugh, J. A. (1981). Relationships between recruiting sources and employee performance, absenteeism, and work attitudes. *Academy of Management journal, 24*(1), 142–147.
- Case, C. R., & Hoy, F. (1981). Small Business Placements: The extra effort pays off. *Journal of Cooperative Education. Spring, XVII*(2).
- Deane, R. T., Rankel, S., &Cohen, A. J. (1978). An analysis of co-op students employment costs and benefits. *Journal of Cooperative Education, 14*(2), 5–53.
- Fleming, J., & Eames, C. (2005). Student learning in relation to the structure of the cooperative experience. *International Journal of Work-Integrated Learning, 6*(2), 26–31.
- Ford, D. (2011). Multicultural gifted education. Sourcebooks, Inc..
- Gannon, M. J. (1971). Sources of referral and employee turnover. *Journal of Applied Psychology, 55*(3), 226.
- Hurd, J., & Hendy, M. (1997). What we know about co-op employers' perceptions of cooperative education: A synthesis of research in the USA and in Canada. *Journal of Cooperative education, 32*(2), 55–62.
- Russell, K. M (2020). Two institutional responses to WIL in a time of COVID-19. International *Journal of Work-Integrated Learning, Special Issue, 21*(5), 491–503.
- Linn, P. L., Ferguson, J., & Egart, K. (2004). Career exploration via cooperative education and lifespan occupational choice. *Journal of Vocational Behavior, 65*(3), 430–447.

- Marslen-Wilson, W. D. (1987). Functional parallelism in spoken word-recognition. *Cognition, 25*(1-2), 71-102.
- Dressler, S & Keeling. A. E. (2011). Benefit of Cooperative and Work-Integrated Education for students, International Handbook for Cooperative and Work-Integrated Education(second edition), 267-269.
- Sprandel, H. (2009). *Cooperative education and employment outcomes for post-graduation business students*. University of Arkansas.
- Thiel, G. R., & Hartley, N. T. (1997). Cooperative education: A natural synergy between business and academia. *SAM Advanced Management Journal, 62*(3), 19-24.
- Ulman, A. (1996). Formation and structure of self-assembled monolayers. *Chemical reviews, 96*(4), 1533-1554.

청년 일자리를 만드는 장기현장실습제

저자 황 의 택

학력 서울시립대 경영학박사

경력 대전충청지역대학홍보협의회장,
공공기관 채용 평가위원,
한국기술교육대 IPP센터 부센터장 등

연구분야 인사조직, 현장실습 등

주요저서 소설로 배우는 장기현장실습제

발행처 한국기술교육대학교 출판부
충남 천안시 동남구 병천면 충절로 1600

전화 041-560-1374

FAX 041-560-1389

등록 2017년 1월 22일 제3호

인쇄 (사)한국장애인문화콘텐츠협회

ISBN 979-11-90716-34-5 **판매가** 15,000원